오히려 좋아

인플 레이션

오히려 좋아, 인플레이션

초판 발행 · 2021년 12월 22일

지은이 · 신동원
발행인 · 이종원
발행처 · (주)도서출판 길벗
출판사 등록일 · 1990년 12월 24일
주소 · 서울시 마포구 서교동 467-9호
대표 전화 · 02)332-0931 / **팩스** · 02)323-0586
홈페이지 · www.gilbut.co.kr / **이메일** · gilbut@gilbut.co.kr

기획 및 책임 편집 · 김동섭(dseop@gilbut.co.kr) | **마케팅** · 정경원, 김진영, 장세진, 김도현
제작 · 손일순 | **영업관리** · 김명자 | **독자지원** · 송혜란, 윤정아, 홍혜진

디자인 및 전산편집 · 김종민 | **교정교열** · 공순례 | **CTP 출력 및 인쇄** · 예림인쇄 | **제본** · 예림바인딩

© 신동원, 2021
ISBN 979-11-6521-808-9 13320
(길벗도서번호 070395)

가격 16,000원

독자의 1초를 아껴주는 정성 '길벗출판사'
길벗 | IT실용서, IT/일반 수험서, IT전문서, 경제실용서, 취미실용서, 건강실용서, 자녀교육서
더퀘스트 | 인문교양서, 비즈니스서
길벗이지톡 | 어학단행본, 어학수험서
길벗스쿨 | 국어학습서, 수학학습서, 유아학습서, 어학학습서, 어린이교양서, 교과서

카카오1분 https://1boon.kakao.com/gilbut
네이버포스트 https://post.naver.com/gilbutzigy
유튜브 https://www.youtube.com/ilovegilbut
페이스북 https://www.facebook.com/gilbutzigy

오히려 좋아

버스비 인상에
울상 짓던 내가,
집값 상승에도
여유 있는 이유

신동원 지음

길벗

인플
레이션

재테크에
진심이라면,
인플레이션 효과는
알아야지!

재산 증식 원하는 MZ세대,
무엇을 어떻게 공부해야 할까?

너무나 어려워진 30대의 자산 증식

집값이 너무 올랐다. 서울 아파트 평균 가격이 10억 원이 넘는다. 아마 당신이 이 글을 읽을 때쯤에는 더 올랐을지도 모른다. 열심히 모아서 집을 사려고 해도 올라가는 집값에 '현타(현실 자각 타임)'가 온다. 은행에 돈을 넣어보지만 이자라고 부르기 민망할 정도로 쥐꼬리만큼 붙는다. 앞으로도 저성장이 지속될 것이기에 예금금리가 폭발적으로 상승하지는 않을 것이다. 돈 모아서 집을 사려 한 나의 계획이 너무 순진한 것이었음을 인정하게 된다.

집값만 오른 것이 아니다. 국내 주식, 해외 주식은 물론이고 비트코인 같은 암호화폐 가격도 올랐다. 나보다 조금 일찍 태어난 선배들은 다 재산을 늘렸는데, 왜 내가 뭣 좀 해보려고 하니 이렇게 비싸졌을까. 멋모르고 들어갔다가 버블이 붕괴하면서 큰 손실을 보는 건 아닐까? 앞으로 나에게 기회라는 것이 있기는 할까?

재산 증식이 어려우니 결혼이나 이사, 육아 등 모든 면에서 불안해진다. 은퇴 준비는 어떻게 해야 할까? 내 집 마련도 어려운데 은퇴 준비까지 신경 쓸 겨를이 없다.

좁디좁은 취업문을 통과해서 그나마 한숨 돌렸더니 더 악랄한 난이도의 과제들이 남아 있을 줄이야. 최종 보스인 줄 알고 쓰러뜨린 녀석이 사실은 중간 보스에 불과했고 극강의 최종 보스가 남아 있었던 것이다.

이 와중에 돈 많은 집의 자식인 내 친구는 부모로부터 일찍이 증여를 받아 신혼집을 장만해서 잘살고 있다. 그 친구와 난 연봉이 비슷하지만 '가진 것'의 격차는 시간이 갈수록 점점 더 벌어진다. 이쯤 되니 '내가 얼마나 잘했는지'보다는 '누구로부터 얼마나 받았는지'가 재산 형성에 더 큰 비중을 차지하는 것 같다.

예전에는 평범해 보였던 '결혼해서 집 사고 아이 잘 키우면서 사는 것'이 점점 다가가기 어려운 꿈으로 바뀌고 있다. 슬프지만 지금 30대는 재산 증식이라는 관점에서 역대 최고 난이도의 시대를 살고 있다.

그렇다면 어떻게 해야 할까? 이제 내 집 마련이나 재산 증식은 무리일까? 3포 세대니, 5포 세대니 하는 말처럼 다 포기해야 할까? 그러나 포기하기에는 우린 아직 젊다. 위기 속에서도 늘 기회가 있었으며 영웅은 난세에 탄생했음을 기억하기 바란다. 물론 녹록지 않은 환경인 만큼 전보다 더 독한 처방이 필요하며, 부자가 되지 못하는 많은 사람의 실수와 시행착오를 되풀이하지 말아야 한다.

자, 난세를 헤쳐나갈 각오가 됐는가? 그럼 이제부터 정신을 차리고 극강의 난이도를 자랑하는 최종 보스를 공략해보자.

과거에도 살아남았던 부자들

우리나라 경제는 1962년 경제개발 5개년 계획을 실행하면서 본격적으로 성장하기 시작했다. 당시 은행의 예금금리가 25% 이상이어서 1,000만 원을 예금하면 1년에 250만 원이 넘는 이자를 받을 수 있었다.

1970년대에도 고금리가 유지됐다. 두 차례의 오일쇼크로 기름값이 크게 오르면서 물가를 잡기 위해 세계적으로 금리를 올렸기 때문이다.

1980년대는 3저 호황에 힘입어 우리나라 경제가 크게 도약한 시기다. 3저란 저유가, 원저(원화가치가 낮아졌다는 뜻), 저금리를 의미한다. 당시에는 저금리라고 해도 은행 예금금리가 연 10%에 육박했다. 10%인데 어떻게 저금리냐고? 1970년대까지는 금리가 이만큼 낮았던 적이 없었다. 당시 금리 수준을 1%가 될까 말까 한 오늘날과 비교해서는 안 된다.

1990년대의 금리는 1980년대와 별반 다르지 않았다. 그러다가 1997년 IMF가 찾아오면서 금리가 크게 올랐다. 대출을 많이 받아서 사업하던 사람들이 대거 문을 닫았고 대출받아 부동산을 샀던 사람들이 매물을 내놓으면서 부동산 가격이 하락했다.

나라가 망했지만 현금 부자들은 괜찮았다. 부동산을 싼값에 살 수 있었고 헐값에 매물로 나온 기업을 인수할 수도 있었다. 은행에만 돈을 넣어놔도 높은 이자가 붙었다. 당시 실질금리는 5~7%에 육박했다.° 즉, 물가 상승률을 고려하고도 5~7%의 이자를 받을 수 있었다는 뜻이다.

재산 증식도 수월했다. '저축'만 해도 재산이 늘어났다. 투자를 위해 경제나 금융 공부를 열심히 할 필요도 없었다. 은행 금리가 두 자릿수이고 실질금리가 7%인데 위험한 주식 투자에 선뜻 나서겠는가? 돈이 생길 때마다 은행에 넣으면 그만이었다. 그야말로 '은행의 시대'였다.

그러나 2000년대부터 상황이 달라졌다. IMF 이후 경제는 재도약을 했고, 세계적인 저금리 기조로 돈이 많이 풀렸다. 두 자릿수를 넘나들던 우리나라 은행 금리는 5% 미만으로 하락했고 실질금리는 0~2%로 곤두박질쳤다. 예전처럼 돈 버는 느낌이 나질 않았고, 저축을 해도 재산 증식이 이루어지지 않았다. 은행은 돈을 불려주던 곳에서 맡아주는 곳으로 변해갔다. 은행의 시대가 종말을 맞이한 것이다.

오늘날 은행 금리는 2000년대보다도 더 내려가 역대 최저 수준이

○ 실질금리란 은행 예금금리(명목금리)에서 물가 상승률을 뺀 금리를 말한다. 실질금리가 높을수록 은행에 돈을 넣어놨을 때 돈 버는 느낌이 난다. 반대로 실질금리가 낮으면 은행에 돈을 넣어놔도 돈 버는 느낌이 나지 않는다.

다. 실질금리는 마이너스여서 은행에 저축을 하면 재산이 불어나는 것이 아니라 손실이 발생한다. 이제는 은행 예금을 재산 증식의 수단으로 여기는 사람을 찾아볼 수 없다.

대한민국에 불어닥친 금융의 부흥과 몰락

2000년대부터 사람들은 은행에서 돈을 빼서 돈 버는 느낌이 나는 곳을 찾아갔다. 바로 주식이다. 세계적인 저금리로 풍부해진 유동성이 우리나라에도 들어와 주가를 끌어올렸다.

주식으로 돈을 번 사람들이 많아지면서 2007년에는 전국적으로 주식 열풍이 불었다. 젊은 사람들뿐만 아니라 부모 세대, 심지어 조부모 세대까지 주식 투자에 동참했다.

주식뿐만 아니라 CMA, MMF, 펀드, 변액보험° 역시 큰 인기를 끌었다. 재테크 도서와 강의도 쏟아져 나왔다. 바야흐로 '금융 투자의 시대'였다.

재산 증식도 수월했다. CMA 계좌를 만들어 주식 투자를 하면 그만이었다. 돈을 열심히 모아서 주식과 펀드에 집어넣었다. 사회생활의 고단함과 스트레스를 불어난 주식과 펀드 계좌를 보며 풀 수 있

○ 내가 보험사에 납입하는 보험료가 주식, 채권 등에 투자되는 보험 상품이다. 변액유니버셜종신보험, 변액연금보험 등이 있다.

었다.

그러나 이듬해인 2008년 금융 투자자들은 충격적인 폭락을 경험한다. 글로벌 금융위기로 2000포인트가 넘어가던 종합주가지수가 900포인트 아래로 떨어진 것이다. 당시 주식이나 펀드의 투자 수익률은 -50에서 -80%에 달했는데, 주식 투자로 장밋빛 미래를 상상하던 사람들의 꿈을 산산조각 내버렸다. 똑똑해 보이고 말 많던 전문가들도 조용해졌다. 이때 사람들은 주식으로 재산을 불리기는 커녕 모두 날릴 수도 있다는 사실을 깨달았다.

부동산은 항상 불패였나

2000년대 초에는 집을 싸게 살 수 있었다. 1997년 IMF로 집값이 내려가 있었고 본격적인 저금리가 시작되면서 대출받아 집을 사기 수월했다. 정부가 부동산 규제를 했음에도 집값은 쭉쭉 올랐고 부동산 투자로 돈을 버는 사람들이 많아졌다. 2000년대 중·후반부터는 본격적으로 부동산에 돈이 몰리기 시작했다.

그러나 금융위기 이후, 2010년부터 집값이 내려가기 시작하더니 2014년까지 5년간 하락했다. 부동산 불패를 외치며 대출을 잔뜩 받아 후발주자로 뛰어든 사람들에게는 고통의 시간이었다. 일본처럼 집값이 장기간 하락할 것이라는 불안감에 손실을 감수하고 집을 팔았다. 이때 사람들은 부동산도 불패가 아니며 잘못 투자했다가는 큰 손실을 볼 수도 있음을 깨달았다.

2015년, 집값이 오르기 시작했다. 한번 오르기 시작한 집값은 거침이 없었다. 자고 일어나면 올라 있을 정도로 숨 쉴 틈 없이 올랐다. 2018년 잠시 안정되나 싶었지만 2019년 말부터 또 올랐다. 서울과 수도권의 웬만한 주택은 가격이 2배 이상 뛰었다. 그 전에도 집을 사는 것이 쉽지는 않았지만, 열심히 살다 보면 내 집 한 채는 장만할 수 있다는 기대감이 있었다. 그러나 높은 집값의 문턱에서 막연한 기대감도 사라져갔다.

가상화폐가 준 짧은 기회

2017년, 비트코인을 대장으로 가상화폐 열풍이 전 세계를 휩쓸었다. 전대미문의 폭발적인 수익률을 기록하면서 주목을 받았다. 가상화폐로 수십억, 수백억의 자산가가 된 사람들도 나타났다. 그러자 투자자들이 구름떼처럼 모이면서 투기 광풍이 불어닥쳤다. 비트코인·이더리움뿐만 아니라 이름도 생소한 온갖 코인이 등장했고, 투자자들은 '가즈아'를 외치면서 열광했다. 직장, 학교, 친목 모임 등 사람들이 모이는 곳에서는 어김없이 코인 이야기가 나왔다.

그러나 투기 광풍은 1년을 넘기지 못했다. 2018년 폭발적인 하락장이 찾아왔기 때문이다. 코인 열기는 빠르게 식었고, 코인으로 벼락부자가 되고자 했던 꿈은 일장춘몽으로 끝나고 말았다. 이때 사람들은 코인 투자 역시 잘못했다가는 큰 손실을 볼 수도 있음을 깨달았다.

늘 그랬듯 '현재'가 가장 어려운 재산 증식

2020년 코로나 이후 주가가 거침없이 오르면서 종합주가지수는 사상 최고치를 기록했다. 코스피 3000 시대가 개막된 것이다. 비트코인을 비롯한 코인들 역시 다시 폭등하면서 2017년에 기록했던 사상 최고가를 뛰어넘었다.

자산 가격이 치솟으면서 부자들도 많이 탄생했다. 어떤 사람은 부동산으로, 어떤 사람은 주식으로 또는 코인으로 돈을 벌었다. 사람들이 모이면, 누가 먼저랄 것 없이 투자 이야기를 꺼냈다. 소득이 없는 대학생부터 사회 초년생뿐만 아니라 5060세대까지, 세대와 성별을 가리지 않았다. TV에서도 투자 관련 프로그램이 쏟아져 나와, 채널을 돌리다 보면 주식 투자 이야기를 하는 연예인을 흔히 볼 수 있었다. 부자가 된 사람들 중에는 이미 돈이 많아 보이는 '어른들'뿐만 아니라 30대도 있었다. 투자로 수십억 원을 벌어 일찍이 회사를 그만두고 '영앤리치'의 삶을 살고 있다는 것이다.

부자까지는 아니어도, 투자해서 얼마를 벌었다는 이야기가 주변에서 심심찮게 들려온다. 아무것도 하지 않으면 뒤처질 것 같다는 생각이 들고, 그래서 주식이나 코인에 돈을 집어넣었지만 가격이 내려갈까 봐 불안하다. 자산 시장의 폭락을 예상하며 버블을 경고하는, 이른바 전문가라는 사람들의 의견을 들으면 더욱 불안해진다. 이제 막 사회생활을 시작한 나는 이제 어떻게 해야 할까? 누구 말을 들어야 하는 걸까?

재테크 기본기부터 차근차근 공부하자

전문가들은 재산 증식을 잘하기 위해 공부를 해야 한다고 한다. 맞는 말이다. 아무것도 모르고서 선뜻 투자에 나설 수는 없다. 그런데 여기서 멘붕에 빠진다. 대체 무엇을 공부하란 말인가? 경제부터 주식, 부동산, 채권, 파생상품, 코인 등 공부할 것이 너무 많다. 주식만 하더라도 당최 무엇부터 공부해야 할지 모르겠다. 이것을 다 공부할 수 있을까?

한편으로는 공부를 많이 하지 않은 주변 지인들이 투자를 잘해서 돈을 버는 모습을 보면, 공부가 꼭 필요한 걸까 하는 생각도 든다. 부모님 세대도 공부를 많이 하지 않았지만 부자가 된 분들이 많지 않은가. 어쩌면 공부보다 더 중요한 것이 있지 않을까?

은행이 돈을 불려주던 시절에는 공부가 필요 없었다. 그저 아껴 쓰고 많이 모으면 됐다. 2000년대에는 주식 공부가 필요했지만 별생각 없이 친구 따라 주식을 사도 수익이 났다. 그러나 지금은 그렇지 않다. 어떨 땐 부동산이 괜찮고, 어느 시기엔 주식 가격이 치솟는다. 채권이나 코인이 돈을 벌어주는 시기도 있다. 예금금리가 제로에 가깝지만 그렇다고 은행을 이용하지 않을 순 없다.

이제는 과거처럼 공부하지 않고 꾸준히 재산을 키워나가기는 어렵다. 그렇다고 모든 것을 공부하는 건 불가능하며, 막무가내로 아무거나 공부할 수도 없다. 우선순위가 있기 때문이다. 무엇이든지 기본기가 중요한 법이다. 손흥민 선수도 기본기를 지독하게 연마해 세계적인 선수가 될 수 있었다. 지금부터 MZ세대가 재산 증식을 위해 반드시 알아야 할 것들을 학습해보겠다. 잘 따라온다면 자기 힘으로 반드시 재산 증식에 성공할 수 있으리라고 믿는다.

차례

03

부자로 가는 디딤돌,
목돈 마련과 기초 투자법

04

MZ세대가
부동산에 투자하는 법

05

주식으로 인플레이션에
올라타는 방법

06

인플레이션과
관련 있는 다양한 자산들

01

인플레이션을 빨리 이해할수록
빨리 부자가 된다

◆◆◆

내 재산을 늘리고 싶다면 믿음이 필요하다.
지금과 같은 자본주의 시스템이 존재하는 한
인플레이션이 발생할 것이라는 믿음이다.

회사, 그만 다녀야 하는 거 아닐까?

돈을 버는 두 가지 방법

◇ 노동소득: 내가 일해서 돈을 번다.
◇ 자본소득: 돈이 일해서 돈을 번다.

노동소득은 말 그대로 내가 열심히 일해서 버는 근로소득이나 사업소득이고, 자본소득은 투자한 자산, 즉 내가 '소유'한 재산으로 벌어들이는 수입을 뜻한다. 우리는 대부분의 시간을 내가 일하는 데 소비한다. 아마 직장인이라면 하루에 9시간 이상을 쓸 것이다. 그에 비하면 투자에 소비하는 시간은 아주 적다. 시간으로만 따지면 노동소득이 나의 '본캐(본래 캐릭터)'이고 투자로 인한 자본소득이 '부캐(서브 캐릭터)'인 셈이다.

그렇다면 부자들은 무엇으로 재산 증식을 할까? 백만장자°들을 조사해봤더니 그들의 재산 중 자본소득이 차지하는 비중이 노동소득보다 컸다. 억만장자들은 백만장자보다 자본소득의 비중이 훨씬 컸다. 부자일수록 전체 재산에서 자본소득이 차지하는 비중이 큰 것이다. 나 역시 억만장자는 아니지만, 전체 재산 중에서 자본소득이 차지하는 비중이 더 크다. 대략 3:7 정도인 것 같은데, 일해서 번 돈보다 투자로 불어난 재산이 2배가 넘는다.

노동소득 vs. 자본소득

그렇다면 직장 생활이나 사업을 잘하기 위해 애써온 이들은 바보인 걸까? 이제라도 본캐의 비중을 줄이고 부캐를 키워야 하는 걸까?

최근 파이어FIRE족이 유행이다. 젊었을 때 열심히 돈을 불려서 30대에 일찍 은퇴하는 사람들을 뜻한다. 얼마 전, 유튜브에서 어떤 파이어족의 이야기를 접했다. 그는 대기업에 다니다가 30대 중반에 종잣돈 5억 원(거주 중인 전셋집 제외)을 마련해 조기 은퇴를 했다. 5억으로 투자를 해서 연 5~10%의 수익을 내면 연 2,500~5,000만 원의 수입이

° 백만장자의 재산 규모는 부동산 제외 10억 원 이상이다.

생기니 충분히 생활할 수 있다는 것이었다. 운동, 독서, 취미 생활 등 여유 있는 일과를 누리는 그의 삶은 치열하게 사는 일반 직장인들의 부러움을 샀다.

물론 인생에 정답은 없다. 하고 싶은 대로 살면 그만이다. 그러나 재산 증식 측면에서 파이어족은 권장할 수 없다. 노동소득 없이 자본 소득으로만 생활해야 하기 때문이다. 금융자산 10억 원 이상의 부자들을 대상으로 현재의 자산을 축적할 수 있었던 핵심 원천을 1개만 선택하라는 질문을 던졌다.° 1위는 바로 '사업소득'이었다. 자본소득이 아니라 노동소득이 부자들이 선택한 가장 중요한 원천이라는 얘기다.

노동소득을 버리는 순간, 불확실성이 걷잡을 수 없이 커진다

부자들에게도 노동소득은 재산 증식의 원천일 뿐 아니라 자신의 '본업'이며 정체성이다. 투자로 손실이 났을 때 기댈 수 있는 가장 든든한 언덕도 노동소득이다. 만약 투자 실패를 거듭했는데 노동소득이 없다면? 회복이 더디거나 아예 불가능할 수도 있다.

또한 노동소득은 비교적 예상 가능하며 안정적이다. 내가 일을 그만두지 않는 한 끊길 가능성이 거의 없다. 그러므로 부자들은 자본소

° 2019 한국 부자보고서(KB경영연구소)

득만으로도 충분히 먹고살 정도가 되어도 노동소득을 소홀히 여기지 않는다.

나는 5억 종잣돈을 굴리는 파이어족 유튜버의 5년 후가 궁금하다. 그때도 투자만으로 경제적 자유를 누리고 있을까? 나 역시 거주 중인 주택을 제외하고 5억 이상의 재산이 있지만, 열심히 일하고 있다. 5억을 굴리면서 노년기까지 살아간다는 것은 생각만 해도 아찔하기 때문이다.

파이어족은 이른 나이에 어렵게 형성한 본진을 자기 스스로 없애고 멀티만으로 게임의 승자가 되겠다는 것이다. 물론 노동소득을 얻는 과정은 힘이 들고 종종 그만두고 싶기도 하다. 그러나 어려움을 이겨내면서 묵묵히 본캐를 성장시키는 것이 향후 부의 원천이 될 수 있음을 명심하자.

'월급으로 집 산다'라는 말에 생략된 것

월급만으로 집을 사는 건 불가능하다

〈사례 1〉

대기업에 입사한 연봉 6,000만 원의 근로자가 서울의 '중간 이하 가격'
인 10억 원짜리 아파트를 산다고 해보자. 4억 원은 대출받는다고 해도
내 돈으로 6억 원을 마련해야 한다. 열심히 아껴서 매년 연봉의 절반인
3,000만 원을 저축해도 무려 20년이 걸린다. 그런데 20년 후에도 그
집의 가격이 그대로 10억 원일까?

사회 초년생의 가장 중요한 경제적 목표는 무엇보다도 '내 집 마련'이다. 어린 시절 우리는 '어른이 되어서 돈을 벌고 열심히 모으다 보면 내 집 한 채는 마련할 수 있겠지'라고 생각했다. 10년 전까지만 해도 그리 틀린 생각은 아니었다. 내 집 마련은 노동의 대가였다. 그러나 지금은 중소기업은 물론 대기업에 다닌다고 하더라도 일해서 받는 급여만으로는 내 집 마련이 어렵다. 노동의 배신이다.

월급보다 전문성, 저축보다 투자에 집중하라

그렇다면 이대로 내 집 마련을 포기해야 할까? 절대로 그렇지 않다. 벌써 포기하기에 우린 너무나 젊고 괜찮은 미래가 있다. 그러면 어떻게 해야 할까?

방법은 두 가지다.

첫째는 내 소득을 늘리는 것이다. 이직, 승진, 창업, 투잡 등 소득을 높일 수 있는 방법을 찾아 지속적으로 시도해야 한다. 이를 위해 가장 좋은 방법은 전문성을 쌓는 것이다. 직장 내 업무로 전문성을 쌓으면 더 좋은 연봉을 받을 수 있는 곳으로 이직하거나 독립해서 창업을 할 수 있다. 또한 전문가 못지않은 취미가 있으면 투잡을 하거나 차근차근 준비해 창업할 수도 있다.

그러나 전문성은 하루아침에 만들어지지 않는다. 어떻게 해야 더 잘할 수 있을까를 고민하면서 남들보다 더 열정적으로, 더욱 적극적으로 살아야 한다. 당신은 어느 분야의 전문성을 쌓기 위해 어떤 노력을 기울이고 있는가?

둘째는 투자를 해서 재산을 늘리는 것이다. 저성장과 저금리 탓에 은행 예금금리로는 더 이상 물가 상승률을 따라잡기가 힘들다. 돈을 열심히 모아서 목돈을 마련한 다음, 적극적으로 투자에 나서야 한다. 그런데 투자를 아무나 잘할 수 있는 것은 아니다. 투자의 고수들은 대개 자신만의 투자 철학과 전문성을 가지고 있다. 이 역시 하루아침에 만들어지지 않는다. 내 소득을 높이는 작업만큼이나 꾸준한 노력이 필요하다.

재산 증식은 실천하고 행동하는 사람의 것이다

'소득을 높이고 투자를 하는 것', 이 두 가지를 모르는 사람은 없다. 그러나 여기서 사람들은 두 가지 유형으로 나뉜다. 머릿속으로 생각만 하고 행동하지 않는 사람과 실제로 행동하는 사람이다. 그리고 결국 행동하는 사람만이 재산 증식에 성공한다.

생각만 하던 사람은 재산 증식에 성공한 사람들을 보면서 비범하다고 과대평가하거나, 단지 운이 좋았다고 치부해버린다. 그러나 그들은 운이 좋았을지언정 비범하지 않다. 주변에서 흔히 볼 수 있는 사람이고 어쩌면 학창 시절 나보다 못하다고 생각했던 친구일 수도 있다. 다만 그들은 '노동의 배신'을 심각하게 받아들이고 재산 증식을 위해 열심히 행동했을 뿐이다. 행동을 하려면 '나는 해낼 수 있다'라는, 자기 자신에 대한 믿음과 긍정적인 마음가짐이 필요하다. 만약 재산 증식에 성공한 이들에게 비범함이 있다면, 자신에 대한 강한 긍정과 믿음에서 나온 것이다.

그리고 운이 좋았다고 쉽게 말하기엔 많은 노력과 시행착오를 거쳤다. 재산 증식은 벼락치기로 잘 볼 수 있는 시험이 아니다. 단거리보다는 장거리 달리기에 가깝다. 재산 증식에 성공한 사람들은 잠깐의 요행에 기대지 않고 꾸준한 노력을 기울였다.

30대 중에서도 이미 재산 증식을 위해 열심히 노력하는 사람들이 있다. 당장은 아니어도 이들은 결국 성과를 낼 것이다. 당신은 재산 증식을 위해 어떤 행동을 하고 있는가? 만약 지금껏 생각만 하고 있었다면 이제는 과감히 행동에 나설 때다.

부자는 물가 상승을 좋아한다

∙∙

신혼집 마련의 세 가지 시나리오

〈사례 2〉

한 쌍의 남녀가 결혼을 앞두고 있다. 둘이 모아놓은 돈과 양가 부모님
의 지원금을 모두 합치면 2억 원이다. 이 예비 부부는 집을 사고 싶지
만 원하는 집의 가격이 비싸서 전세로 결혼 생활을 시작할 예정이다.
일단 전세로 살다가 돈을 모아 나중에 집을 구입하고자 한다. 이들에
게는 세 가지 선택지가 놓여 있다. 어떤 선택을 해야 할까?

① 가지고 있는 돈 2억 원에 2억 원의 대출(연 3%)을 받아 4억 원짜리 전셋집 아파트에 들어간다. 2억 원을 빌렸으므로 대출이자를 갚아야 하지만 쾌적한 아파트에서 살 수 있다.

② 대출 없이 2억 원짜리 전셋집 빌라에 들어간다. 아파트가 아니라 빌라에 살지만 대출을 받지 않았으니 이자를 낼 필요는 없다.

③ 2억 원의 대출(연 3%)을 받아 2억 원짜리 전셋집 빌라에 들어간다. 대출 없이도 2억 원짜리 전셋집은 마련할 수 있지만 대출 2억 원을 더 받았다. 대출금 이자를 내야 한다.

경제활동을 하는 사회 초년생의 가장 큰 이벤트는 결혼이다. 많은 사람이 결혼 준비를 하면서 위와 비슷한 상황을 마주한다.

각각의 선택에는 장단점이 있다. ①은 대출을 받아야 하지만 빌라가 아닌 아파트에서 살 수 있다. ②는 빌라에서 살아야 하지만 대출을 안 받아도 된다. ③은 조금 이상하다. 대출 없이 빌라에서 살 수 있음에도 굳이 대출을 받는다.

이 문제에 정답이 있을까? 사실 인생에는 정답이 없다. 자신이 마음에 드는 선택을 하면 그만이다. 나 역시 인생을 이렇게 저렇게 살라고 말할 자격도 없으며 주제도 안 된다. 그러나 오직 재산 증식만을 생각했을 때, 이 문제에는 명확한 정답이 있다.

당신은 ①, ②, ③ 중 무엇을 선택했는가? 사회 초년생들에게 같은 질문을 해보면 대다수가 ① 또는 ②를 선택한다. ①은 아파트에서 살 수 있고, ②는 빚(대출)이 없다는 이유에서다. 반면 ③을 고르는 사람은 별로 없다. 굳이 빚까지 내서 빌라에서 살 필요는 없다고 생각하기 때문이다.

그러나 이 문제의 정답은 ③이다. 왜 그럴까? 문제에 대한 자세한 풀이는 2장에서 하겠다. 그 전에 물가 상승, 즉 인플레이션Inflation에 대해 공부해보자. 이 문제에 대한 답을 이해하기 위해, 그리고 재산을 불리기 위해서는 인플레이션을 이해하는 것이 필수이기 때문이다.

사회적으로도 물가는 내려가는 것보다 오르는 게 낫다

당신은 물가가 오르면 행복한가? 많은 사람이 물가가 오르는 것을 달갑지 않게 여긴다. 가뜩이나 먹고살기 빠듯한데 물가까지 오르면 어쩌란 말인가. 식료품 가격이 올라 장바구니는 점점 가벼워지고 내 집 마련은 더 어려워진다. 같은 돈으로 살 수 있는 게 줄어든다. 한숨이 절로 나온다.

그렇다면 그 반대 상황에서는 행복할까? 인플레이션의 반대말은 디플레이션Deflation, 즉 경기 침체다. 경기가 침체되면 문 닫는 회사들이 많아지고, 사람들의 소득이 줄어들며, 실업자가 늘어난다. 우리는 IMF나 금융위기 때 얼마나 많은 사람이 힘들어했는지 알고 있다.

자본주의 사회에서는 경기가 순환하기 때문에 인플레이션과 디플레이션이 반복해서 일어난다. 그런데 둘 다 우릴 괴롭힌다면 도대체 어떻게 해야 할까?

물가가 결국 오른다는 걸 아는 부자들

부자들의 비밀이 하나 있다. 바로 인플레이션을 즐긴다는 것이다. 겉으로는 "물가가 올라서 힘들다"라고 하지만 속으로는 웃는다. 그들은 자본주의 사회에서는 '대체로' 인플레이션이 발생한다는 사실을 알고 있다.

50년 전 짜장면 한 그릇의 가격은 15원이었다. 지금은 6,000원 정도다. 달리 말해 50년 전에는 6,000원으로 짜장면 400그릇을 사 먹을 수 있었지만 지금은 겨우 한 그릇밖에 못 먹는다. 50년 동안 돈의 가치가 지속적으로 떨어진 것이다. 이를 물가가 올랐다고 말한다.

대체 물가는 왜 오르는 것일까? 물가는 앞으로도 계속 오를까?

끝나지 않는 통화 팽창의 시대

••

통화량이 계속 늘어나는 시대

인플레이션은 왜 발생할까? 인플레이션은 통화량, 즉 돈의 양이 많아
지면 발생한다. 돈이 많아지면 돈의 가치가 하락하고 물가가 오른다.

〈그림 1-1〉은 지난 50년간 우리나라의 통화량과 물가를 나타낸 그
래프다. 통화량이 지속적으로 증가했음을 알 수 있다. 물가 역시 통화
량과 비슷하게 움직였다는 것을 볼 수 있다. 이것이 지난 50년간 물
가가 끊임없이 올라간 이유다.

우리나라에서는 원화를 사용하지만 전 세계에서 가장 중요한 통화
는 달러다. 미국 화폐인 달러는 이 세상에서 가장 많이 사용되는 기

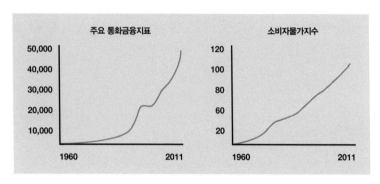

〈그림 1-1〉 우리나라 통화량과 물가

주요 통화금융지표

소비자물가지수

출처: 한국은행

축통화°다. 따라서 달러의 통화량은 우리나라는 물론 전 세계의 물가에 큰 영향을 끼친다. 그럼 달러의 통화량은 얼마나 증가할 수 있을까?

정답은 '무한대'다. 달러는 마음만 먹으면 무한대로 찍어낼 수 있다. 무한대로 찍어낸다니, 어떻게 그럴 수 있을까?

오래전에는 달러를 무한대로 찍어낼 수 없었다. 금에 묶여 있었기 때문이다. 1944년 브레턴우즈 체제 이후로 금 1온스를 35달러로 바꿔주어야 했다. 따라서 달러는 금의 보유량만큼만 발행할 수 있었다.

그런데 1971년, 당시 미국 대통령 닉슨이 달러를 금으로 바꿔주지 않겠다고 선언했다. 이와 함께 달러는 금이라는 족쇄에서 벗어났다.

○ 전 세계의 결제 및 금융거래 등의 기본이 되는 통화. 달러가 압도적으로 많이 사용되는 최강의 기축통화이고 그 뒤를 유로, 파운드, 엔이 잇는다. 달러, 유로, 파운드, 엔을 세계 4대 기축통화라고 한다.

달러가 금에서 해방되자 금의 눈치를 보지 않고 찍어낼 수 있었다. 이때부터 미국은 경제가 위기에 빠질 때마다 달러를 풀어서 위기를 해결했고, 그때마다 인플레이션이 찾아왔다. 이른바 '통화 팽창의 시대'가 시작된 것이다.

점점 더 커지는 통화 팽창의 규모

2008년 금융위기는 미처 예상하지 못한 엄청난 위기였다. 그리고 통화 팽창에도 일대 변화를 가져왔다. 미국은 전례 없는 위기 속에서 예전처럼 전통적인 방식으로 돈을 풀어서 경기를 회복시킬 수 있을지 의구심을 가졌다. 사태가 심각한 만큼 특단의 대책이 필요했다.

결국, 중앙은행이 자산을 매입해 시장에 직접 돈을 공급하는 '양적완화'를 했다. 양적완화는 '경기가 살아날 때까지' 무제한으로 이루어졌다. 미국뿐만 아니라 유럽, 일본도 양적완화에 동참했다. 미국으로서도 양적완화 정책은 모험이었다. 잘못하면 돈이 실물경제로 가지 못하고 주식, 부동산 등으로만 흘러가 자산 버블을 일으킬 우려도 있었기 때문이다.

그러나 모험은 성공적이었고 미국 경제는 결국 회복했다. 이 일을 거치면서 미국은 달러를 무제한으로 공급하는 양적완화가 효과적이라는 것과 주식·부동산 등의 자산 가격 상승이 경기 회복에 어느 정도 도움이 된다는 것을 깨달았다.

우리는 지금도 팽창의 시대를 살고 있다

2020년 코로나바이러스가 전 세계를 휩쓸었다. 대부분 국가의 실물 경제가 무너졌다. 우리나라 역시 1997년 IMF 이후 처음으로 마이너스 경제 성장률을 기록했다. 미국과 유럽은 더 심각했다. 도시가 봉쇄되고 경제활동이 거의 중지됐다. -10%가 넘는 경제 성장률을 기록한 국가들도 등장했다.

전 세계는 다시 돈을 풀었다. 금융위기의 경험이 자신감을 주었다. 미국은 금융위기 당시 양적완화로 풀린 돈의 무려 3배를 한 해 동안 풀었다. 자산 시장은 즉시 반응했다. 전대미문의 경기 침체 속에서도 엄청나게 풀린 유동성이 주가와 부동산 가격을 밀어 올린 것이다. 우리나라 주가와 부동산 가격도 사상 최고치를 기록했다. 통화 팽창의 시대를 넘어 '통화 폭발의 시대'가 찾아온 것이다.

인류는 자본주의가 시작된 이래 수많은 경제위기를 경험했다. 그중 어떤 위기들은 회복이 불가능해 보였다. 그러나 숱한 위기 속에서도 기어코 인플레이션을 발생시켰다. 금융위기와 코로나 위기 역시 마찬가지였다.

미국이 달러를 엄청나게 풀면서 달러의 수명이 점점 단축되고 있으며, 언젠가는 수명이 다할 것이다. 그러나 그때까지는 지금과 같은 시스템이 유지될 것이므로 미리 걱정할 필요는 없다. 이런 시스템이 지속되는 한 다음에 찾아올 위기의 결말 역시 인플레이션일 것이다.

물가 상승은 누구에게 유리할까

물가 상승의 효과는 실물자산에 적용된다

앞서 부자들의 비밀이 인플레이션을 즐기는 것이라고 말했다. 그러나 부자라는 이유만으로 인플레이션이 좋은 것은 아니다.

그렇다면 인플레이션은 누구에게 유리할까?

먼저 실물자산이 많은 사람들이다. 인플레이션이란 현금의 가치가 하락하면서 상대적으로 실물자산의 가치가 상승하는 것이다. 따라서 실물자산을 가지고 있으면 인플레이션이 발생했을 때 보유 자산의 가격이 상승해 이익을 얻을 수 있다. 예를 들어 주택이나 빌딩 등 부동산을 가지고 있다면 인플레이션이 발생했을 때 토지와 건물의 가격이 상승해 이익을 얻는다.

경기도 안산의 어느 공단에서 제조업을 하는 사장님이 있다. 땅을 매입해 공장을 짓고 열심히 사업을 해왔다. 그러나 사업이 생각처럼 잘 되지 않았다. 손해까지는 아니지만 이익이 조금씩 겨우 나는 수준이었다. 그런데 시간이 지나자 사장님은 큰 부자가 됐다. 사업이 잘 되지 않았는데 어떻게 부자가 됐을까?

그 이유는 물가가 상승했기 때문이다. 매입했던 공장부지의 지가가 크게 올라 토지 매매로 많은 돈을 번 것이다. 공장을 지어 땅을 '개발'한 것도 지가 상승에 영향을 미쳤다. 인플레이션이 실물자산을 가지고 있던 사장님을 부자로 만들어준 것이다.

그렇다면 누가 실물자산을 많이 가지고 있을까? 개인일까, 아니면 기업과 정부일까? 당연히 개인이 아닌 기업과 정부다. 이 책을 읽고 있는 당신 개인보다 삼성그룹이나 대한민국 정부가 가지고 있는 실물자산이 훨씬 많다.

빚이 많을수록 유리하다

인플레이션은 돈을 빌린 사람, 즉 '빚쟁이(채무자)'에게도 유리하다. 빚쟁이에게 유리하다니, 대체 무슨 말일까?

| 〈사례 3〉

A는 3억 원의 돈을 가지고 있었다. 그런데 자신이 살고 싶은 아파트의 가격은 6억 원이었다. 원하는 아파트를 사려면 3억 원이 모자랐다. 그래서 은행에서 3억 원의 주택담보대출을 받아 6억 원짜리 아파트를 구입했다.

내 돈 3억 원 + 대출 3억 원 = 6억 원 아파트 구입

이제 A는 빚쟁이가 됐다. 앞으로 돈을 갚아야 한다. A는 3억 원의 빚을 어떻게 갚을 수 있을까?

두 가지 방법이 있다. 첫째는 주 52시간씩 일해서 갚는 것이다. 열심히 일해서 벌어들인 소득을 차곡차곡 모아 빚을 갚아나가는 것이다. A의 연봉이 5,000만 원인데 그중 절반인 2,500만 원을 매년 저축하면 12년 후 3억 원을 갚을 수 있다.

둘째는 인플레이션을 활용하는 것이다. A가 6억 원에 구입한 아파트의 가격이 어느 날 9억 원으로 상승했다. 인플레이션(물가 상승)이 발생한 것이다. A는 9억 원에 아파트를 팔았다. 이로써 A는 대출 3억 원을 다 갚을 수 있다. 9억 원에 팔았으니 대출금을 갚고도 6억 원의 돈이 주머니로 들어온다. 인플레이션이 발생하면서 빚을 갚기 쉬워진 것이다.

만약 당신이 A라면 두 가지 중 어떤 방법으로 돈을 갚고 싶은가? 아마 첫 번째 방법을 원하는 사람은 아무도 없을 것이다. 백이면 백

두 번째 방법을 선호할 것이다. 이처럼 인플레이션은 빚쟁이에게 유리하다.

그렇다면 누가 빚이 많을까? 개인일까, 아니면 기업과 정부일까? 일단 개인이 아니라는 것은 확실하다. 유감스럽게도 당신 개인보다는 삼성그룹의 부채(빚)가 많다. 그리고 당신보다 대한민국 정부의 부채가 훨씬 많다. 개인보다는 기업과 정부가 인플레이션을 좋아하는 빚쟁이인 것이다.

뉴스나 언론 매체에서 경제 성장률이 둔화되거나 하락하면 큰일이라도 난 것처럼 말한다. 왜 그럴까? 기업과 정부 입장에서 인플레이션은 선택이 아닌 필수이기 때문이다. 인플레이션이 발생하지 않으면 기업과 정부는 결국 망하고 만다.

디플레이션이 발생했는가? 경기 침체가 계속될까 봐 걱정스러운가? 너무 걱정하지 마시라. 정부와 기업이 두 손을 꼭 맞잡고 인플레이션을 발생시키기 위해 온 힘을 다할 테니 말이다.

인플레이션에 대한 믿음을 가져라

· ·

경기는 순환하고 인플레이션은 이어진다

인생을 살다 보면 좋은 날도 있고 힘든 날도 있듯이, 자본주의 사회의 경기 역시 마찬가지다. 경기가 좋아져 인플레이션이 발생하기도 하지만, 경기가 침체돼 디플레이션이 발생하기도 한다. 디플레이션이 발생하면 자산 가격이 하락하고 공장이 문을 닫으며 소득이 줄고 실업자가 늘어난다. 그래서 디플레이션을 '디D의 공포'라고도 표현한다.

재테크를 하는 사람들에게도 디플레이션은 무섭다. 부동산과 주식 가격이 하락해 손실을 피할 수 없기 때문이다. 그러나 디플레이션이 찾아왔다고 너무 좌절할 필요는 없다. 겨울이 지나면 봄이 오듯이 결국 인플레이션이 찾아올 것이기 때문이다.

내 재산을 늘리고 싶다면 믿음이 필요하다. 지금과 같은 자본주의 시스템이 존재하는 한 인플레이션이 발생할 것이라는 믿음이다. 이 믿음은 거창하거나 어려운 것이 아니다. 지금 6,000원인 짜장면 가격이 10년이나 20년 후에는 올라가 있을 것이라는 믿음이면 충분하다.

높은 연봉을 위한 사교육 vs. 투자 자산

우리나라 사람들은 자녀들에게 평균적으로 연간 500만 원의 사교육비를 쓴다. 초·중·고 12년 동안 약 6,000만 원을 지출하는 것이다. 자녀에게 사교육을 시키는 이유는 번듯한 사회인이 되어 경제적으로 윤택한 삶을 살게 해주기 위해서다. 사교육은 자녀의 미래를 위한 '투자'다.

그런데 사교육이 아니라 인플레이션에 투자해보면 어떨까? 1981년생인 내가 태어난 시절, 월트디즈니의 주가는 약 1달러였다. 지금은 170달러가 넘는다. 인플레이션이 발생하면서 주가가 오른 것이다. 만약 우리 부모님께서 내가 태어났을 때 사교육비의 6분의 1인 1,000만 원으로 디즈니의 주식을 샀다면, 지금은 무려 17억 원으로 불어났을 것이다.

대기업에 입사한 연봉 6,000만 원의 직장인이 17억 원을 모으려면 얼마나 걸릴까? 한 푼도 안 쓰고, 세금과 4대 보험료도 안 내며 고스란히 모아도 29년이 걸린다. 현실적으로 절반을 쓰고 절반을 모은다고 하면 약 60년이 걸린다. 일반적인 직장인이 평생 걸려도 마련하기 어려운 돈이다. 자녀 사교육에 올인하는 것과 인플레이션에 투자하는 것 중에 어떤 선택이 미래를 더 윤택하게 만들어줄까?

믿은 사람과 그렇지 않은 사람의 차이

집값이 하락하던 시절이 있었다. 나는 집값이 한창 내려가던 시절에 집을 샀다. 그리고 지인들에게도 집을 사라고 권유했다. 그러나 집을 산 사람은 거의 없었다. 집값이 계속 내려갈 것 같았기 때문이다. 몇 년 후, 집값이 많이 오르자 사람들은 지금 집을 사도 되느냐고 물었고, 난 역시 빨리 사라고 했다. 그러나 그때도 집을 산 사람은 거의 없었다. 버블이 꺼질 것 같았기 때문이다.

두려움을 이기고 그때 집을 산 몇몇 지인은 이제 더 좋은 집으로 이사 가려고 하거나 여유 자금으로 다른 곳에 투자하고 있다. 그러지 못했던 사람들은 아직도 전세나 월세를 살면서 집을 사지 않았던 것을 후회한다. 이제는 이들의 재산 격차가 꽤 벌어져 집 없는 사람이 집 있는 사람을 따라잡기가 매우 어려워졌다.

2008년 금융위기로 주가가 폭락했을 때, 많은 사람이 주식을 팔고 쓸쓸히 주식 시장을 떠나면서 '다시는 주식을 쳐다보지도 말아야지'

라고 다짐했다. 그러나 당시 끝까지 보유했거나 오히려 주식을 산 사람들이 있다. 끈기 있게 주식 투자를 했던 이들은 마침내 재산 증식에 성공할 수 있었다.

이 차이는 어디서 발생했을까? 재산 증식을 못 한 사람들이 경제를 잘 모르고 무식했기 때문일까? 그렇지 않다. 다 똑똑하고 배울 만큼 배웠으며 사회생활도 잘하는 사람들이다. 그들에게 잘못이 있다면 딱 하나뿐인데, 바로 인플레이션에 대한 '믿음'이 부족했다는 것이다. 믿음이 있고 없고의 차이가 미래의 부를 결정지은 것이다.

많은 사람이 투자 성공을 위해 무엇을 사야 할지, 언제 사야 할지 고민한다. 그리고 열심히 공부하고 분석한다. 그러나 '공부와 분석'보다 더 중요한 것은 '믿음'이다. 믿음이 없다면 백날 공부해도 재산 증식이 어렵다. 지금 당신은 무엇에 투자해야 할지, 언제 투자해야 할지를 알아내기 위해 공부하고 있는가? 그 전에 먼저 묻고 싶다.

'당신은 인플레이션에 대한 믿음이 있는가?'

믿음이 있다면 미리 축하드린다. 재산 증식의 지름길로 들어선 것이다.

당신의 믿음은 얼마나 '확고'한가? 대개 주식과 부동산 등 자산 가격이 상승하는 구간에서는 믿음이 흔들리지 않는다. 그러나 경기가 침체되어 자산 가격이 하락할 때 시험이 찾아오고 믿음이 흔들린다. 이럴 때도 흔들리지 않는 사람이 신실한 믿음을 보유한 자다.

지금부터라도 흔들림 없는 믿음을 가지기 바란다. 믿는 자에게 복이 있으니, 당신이 믿음을 버리지 않는 한 인플레이션은 당신을 배신하지 않을 것이다. 자, 그렇다면 이제부터 인플레이션을 최대한 활용하는 방법을 알아보자.

02

레버리지로
인플레이션 효과를 극대화하라

◆◆◆

인플레이션으로 인한 구매력 위험의 무서운 점은
누구도 피할 수 없다는 것이다.
그야말로 '무차별 위험'이다.

부자가 되는 필수 과정, 레버리지

레버리지와 수익률

〈사례 4〉

A와 B는 각각 다음과 같은 방법으로 5억 원짜리 주택을 샀다.

A: 대출 없이 내 돈 5억 원으로 집을 샀다.

B: 내 돈 2억 원에 대출 3억 원을 받아 집을 샀다.

몇 년 후 집값이 6억 원으로 올랐다. 20%의 인플레이션이 발생한 것이

A는 원금 5억 원을 투자해 1억 원을 벌어들여 20%의 수익률을 달성했다.° 딱 인플레이션만큼의 수익률을 얻은 것이다. 반면 B는 원금 2억 원을 투자해 1억 원을 벌어들였다. 인플레이션(20%)보다 훨씬 높은 50%의 수익률을 달성한 것이다.°°

B가 높은 수익률을 달성한 이유는 다른 사람의 돈을 끌어와서, 즉 대출을 받아서 투자했기 때문이다. 이처럼 남의 돈을 가지고 투자하는 것을 '레버리지Leverage'를 활용한다고 말한다. 레버리지를 활용하면 인플레이션보다 훨씬 높은 수익률을 거둘 수 있다. 돈은 인플레이션을 통해 일하기 때문에 효과를 극대화하는 방법은 레버리지를 활용하는 것이다. 재산이 빠른 속도로 불어나기를 원하는가? 그렇다면 레버리지는 선택이 아닌 필수다.

레버리지는 '티끌 모아 티끌'로 끝나지 않기 위한 수단

1,000만 원을 투자해 10%의 수익률을 달성하면 100만 원을 벌 수 있다. 그런데 1억 원을 투자해 10%의 수익률을 달성하면 1,000만 원

○ 세금과 등기비용 및 수수료 등은 고려하지 않았다.
○○ 세금과 등기비용 및 수수료, 대출이자는 고려하지 않았다.

의 수익이 생긴다. 같은 수익률이라도 투자한 금액이 많을수록 더 큰
돈을 벌 수 있다.

이 사실을 모르는 사람은 없다. 누구나 1,000만 원보다는 1억 원을
투자하기를 원한다. 문제는 젊은 세대가 가지고 있는 돈의 규모가 작
다는 것이다. 경제활동 기간이 짧아 모은 돈이 별로 없다. 마음 같아
서는 5억 원이든 10억 원이든 투자하고 싶지만, 그동안 모은 돈이 1
억 원도 채 되지 않는 경우가 허다하다. '티끌 모아 티끌'이란 말이 남
얘기 같지가 않다.

우리가 많이 하는 착각은 투자 금액과 내 돈을 동일시하는 것이
다. 내가 가진 돈이 1,000만 원이라면 투자 금액이 1,000만 원을 넘
지 못하고, 나에게 1억 원이 있으면 투자 금액이 최대 1억 원이라고
생각한다. 그러나 꼭 내 돈으로만 투자할 필요는 없다. 내 돈뿐만 아
니라 레버리지를 활용해 남의 돈을 끌어들여 투자할 수 있기 때문이
다. 중요한 것은 내가 가진 돈이 얼마인지가 아니라 내 돈과 남의 돈
을 합친 '총 투자 금액'이 얼마인가 하는 것이다. 예를 들어 내 돈이
3,000만 원뿐이라도 남의 돈 7,000만 원을 사용할 수 있다면, 총 투
자 금액은 1억 원이 된다.

레버리지를 잘 쓰는 게 종목 선정보다 중요하다

많은 사회 초년생이 투자를 잘하기 위해서 저평가된 주식 종목이나

코인을 찾는 것을 중요하게 생각한다. 잘 찾은 주식이나 코인이 나를 부자로 만들어주리라고 믿는다. 그러나 그보다 훨씬 더 중요한 것은 다른 사람의 돈을 끌어오는 방법, 즉 레버리지를 활용하는 방법을 아는 것이다.

대표적인 방법이 대출인데, 실제로 부자들은 자신이 활용할 수 있는 대출의 종류를 훤히 알고 있다. 그에 비해 대부분 사회 초년생은 대출을 막연하게만 생각할 뿐 대출의 종류나 한도, 금리 등에 대해 자세히 알지 못한다. 대출이 재산 증식에 중요한 역할을 한다고 생각하지 않기 때문이다. 중요하다고 생각하기는커녕 부정적으로 생각하는 이들이 대다수다. 그러나 대출 공부는 재산 증식의 핵심인 레버리지 활용을 위한 필수 과정이다. 지금부터 젊은 세대가 꼭 알아야 하는 대출의 종류와 특징에 대해 알아보자.

30대가 활용할 수 있는 대출

·····································

세 가지 대출 방법

30대 사회 초년생이 활용하는 대출은 거의 정해져 있는데 주로 다음과 같다.

◇ 주택담보대출: 내가 살 집 또는 이미 산 집을 담보로 대출을 받는 것이다.

◇ 전세자금대출: 엄밀히 말하면 전세보증금담보대출이다. 전세로 들어갈 때, 집주인에게 맡겨놓는 전세보증금을 담보로 잡아 대출을 받을 수 있다.

◇ 신용대출: 담보가 없어 개인의 신용으로 돈을 빌리는 것이다. 담보대출에 비해 금리가 높고 한도가 적다.

담보대출이 신용대출보다 나은 이유

누군가가 은행에서 돈을 빌리고자 할 때, 은행이 그 사람에 대해 가장 궁금해하는 것이 무엇일까? 바로 '담보'가 있는가 하는 것이다. 담보가 있으면 은행은 비교적 수월하게 돈을 빌려줄 수 있다. 그러나 담보가 없다면 은행은 까다롭게 개인의 신용을 평가한다. 담보가 없으면 은행의 위험 부담이 커지므로, 신용대출이 담보대출에 비해 한도도 적으며, 금리(이자율)가 높을 수밖에 없다. 따라서 대출을 받아야 한다면 신용대출보다 담보대출을 받는 것이 좋다.

부자에게 더 유리한 대출 시스템

셋 중에서 금리가 가장 높고 한도도 제일 적은 대출은 신용대출이다. 그렇다면 주택담보대출과 전세자금대출 중에서 어느 것이 금리가 더 낮을까? 둘 다 담보대출이지만 일반적으로 주택담보대출의 금리가 더 낮다. 부동산 자산인 주택이 그대로 돌려줘야 하는 보증금보다 담보로서의 가치가 더 크기 때문이다.

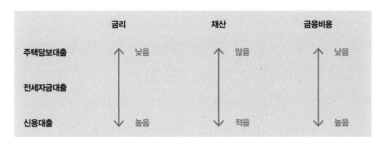

〈그림 2-1〉 대출의 종류와 금융비용

이처럼 금리는 '주택담보대출 〈 전세자금대출 〈 신용대출'로 갈수록 올라간다. 부富는 그 역순이다. 일반적으로 전세자금대출보다 주택담보대출을 받는 사람이 돈이 많고, 신용대출을 받는 사람은 가장 돈이 적을 확률이 높다. 즉, 돈이 많은 사람일수록(부자일수록) 금리가 낮아지고 돈이 없는 사람일수록(가난할수록) 금리가 높아진다.

"없으면 없는 대로, 모자라면 모자라는 대로 아껴 쓰면 된다"라고들 말한다. 그러나 아껴 쓰고 싶어도 그러기가 어렵다. 가난할수록 대출금리가 올라가 '금융비용(이자비용)'이 증가하기 때문이다. 가난한 것도 서러운데 지출까지 늘어나니 삶이 점점 더 팍팍해진다.

금융비용을 낮추고 싶은가? 가장 좋은 방법은 빨리 부자가 되는 것이다.

정부 대출이 가능한지부터 알아보자

이처럼 자본주의 대출 시스템은 부자에게 유리하고 가난한 사람에게 냉혹하다. 이런 시스템에서는 대출이 꼭 필요한 서민들이 금융과 멀어지게 된다. 이런 점을 보완하는 것이 정부의 역할이며, 우리나라 정부에서도 서민들을 위한 여러 가지 대출 상품을 내놓고 있다.

그중에서 30대가 활용할 만한 것은 정부의 주택담보대출과 전세자금대출이다. 아무래도 정부에서 돈을 빌려주는 것이라 은행 대출보다 금리나 수수료 측면에서 유리한 경우가 많다.

정부가 아무에게나 대출을 해주는 것은 아니다. 정부가 보기에 '경제 사정이 넉넉하지 않은 사람들(서민)'에게 돈을 빌려준다. 그래서 자격 요건에 소득 기준이나 무주택자 등과 같은 재산 기준이 따라온다. 어쨌든, 대출이 필요하다면 은행에서 덜컥 대출을 받기보다 정부 대출을 받을 수 있는지를 먼저 알아보자. 그리고 은행 대출과 정부 대출을 비교해 나에게 유리한 대출을 선택하면 된다.

좋은 대출과 나쁜 대출

당신은 대출을 어떻게 생각하는가

대출에 관한 다음의 두 가지 생각 중 당신은 어떤 것에 더 공감하는가?

① 대출은 많을수록 좋다. 받을 수 있을 때 많이 받아야 한다.
② 대출은 적을수록 좋다. 대출은 빚이니 없는 것이 제일 좋지만,
   어쩔 수 없이 받아야 한다면 최소한으로 받아야 한다.

당신은 어느 쪽인가? ①은 대출에 대해 긍정적이지만 ②는 부정적
이다. ①을 선택하는 사람도 있지만 대부분은 ②를 선택한다. 대출을

부정적으로 보기 때문이다.

대출은 정말 나쁜 것일까? 이해하기 쉽게 대출을 버섯에 비유해보자. 버섯 중에는 분명히 몸에 좋은 버섯들이 있고, 식용으로도 널리 애용된다. 그러나 모든 버섯이 몸에 좋은 것은 아니다. 먹어서는 안 되는 독버섯도 있다. 대출도 마찬가지다. 식용 버섯처럼 좋은 대출이 있는 반면, 독버섯과 같은 나쁜 대출도 있다.

그렇다면 좋은 대출과 나쁜 대출을 어떻게 구분할 수 있을까?

인플레이션을 발생시킬 수 있느냐, 없느냐

어떤 대출이 좋은 대출일까? 이 질문을 하면 많은 사람이 '금리가 낮은 대출' 또는 '상환 기간이 긴 대출'이라고 이야기한다. 물론 금리가 낮으면 이자 부담이 적으니 좋고, 상환 기간이 길면 매달 갚아야 할 돈이 줄어드니 좋다. 그러나 이런 것들이 좋은 대출과 나쁜 대출을 가르는 기준이 되지는 못한다.

그렇다면 좋은 대출과 나쁜 대출을 나누는 기준은 무엇일까? 좋은 대출이란 바로 인플레이션을 발생시킬 수 '있는' 대출이다. 반대로 나쁜 대출은 인플레이션을 발생시킬 수 '없는' 대출이다. 즉, 인플레이션을 발생시킬 수 있는지 없는지가 좋은 대출과 나쁜 대출의 기준이다. 흔히 중요하게 생각하는 금리와 상환 기간은 그다음 문제다.

좋은 대출은 레버리지를 일으켜 재산 증식에 기여한다. 반대로 나

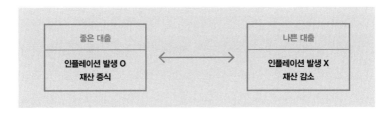

〈그림 2-2〉좋은 대출과 나쁜 대출

쁜 대출은 내 재산을 증식시키기는커녕 점점 감소시킨다.

　말로만 하면 와닿지 않을 테니 몇 가지 문제를 풀어보면서 알아보자. 다음 대출 사례들을 보고 좋은 대출인지 나쁜 대출인지 맞혀보자.

◇ 전셋집을 마련하기 위해 전세자금대출을 받았다.

→ 나쁜 대출이다. 전세 자금은 절대로 인플레이션을 발생시킬
수 없기 때문이다. 전세 자금(전세보증금)은 집주인에게 줬다가
나중에 그대로 돌려받는다. 예를 들어 집주인에게 4억 원의
전세보증금을 줬다면, 이 돈이 4억 5,000만 원이나 5억 원이
되어서 돌아오지는 않는다.

◇ 할부 리스 등의 자동차 대출을 받아 자동차를 구입했다.

→ 나쁜 대출이다. 자동차는 절대로 인플레이션을 발생시킬 수
없기 때문이다. 인플레이션은커녕 감가상각이 발생한다. 자동
차는 시동을 건 그 순간부터 가격이 하락한다. 이 세상에 중고
차 가격이 신차 가격보다 비싼 차는 없다.

◇ 주택담보대출을 받아 주택을 매입했다.

→ 좋은 대출이다. 향후 인플레이션이 발생해 매입한 주택의 가격이 오를 수 있기 때문이다. 대출이 재산 증식에 기여할 수 있으므로 좋은 대출이다.

◇ 학자금대출을 받아 대학교 등록금을 마련했다.

→ 나쁜 대출이다. 학자금은 모두 소비돼 절대로 인플레이션을 발생시킬 수 없기 때문이다.

◇ 신용대출을 받아 여행을 갔다.

→ 나쁜 대출이다. 학자금대출과 마찬가지로 대출을 받아 다 소비한 경우다. 인플레이션을 유발할 수 없으므로 나쁜 대출이다.

◇ 대출을 받아 주식을 샀다.

→ 좋은 대출이다. 향후 인플레이션이 발생해 주식 가격이 오를 수 있기 때문이다.

이제 구분할 수 있겠는가? 불행하게도 많은 사람이 좋은 대출과 나쁜 대출을 구분하지 못한다. 그들에게 대출은 그냥 다 같은 대출일 뿐이다. 아마 당신도 그랬을 것이다. 그러나 좋은 대출과 나쁜 대출을 구분하지 못하면 재산 증식이 매우 어려워진다.

좋은 대출은 많이 받아도 괜찮다. 반면 나쁜 대출은 아예 없어야 하고, 어쩔 수 없이 대출이 필요하다면 최소한으로 받아야 한다.

부자들이 가지고 있는 대출의 공통점

부자들을 만나보면 대개 적지 않은 대출이 있다. 그들은 어떤 대출을 가지고 있을까? 부자들의 공통점은 좋은 대출을 가지고 있다는 점이다. 그렇기 때문에 대출이 재산 증식에 기여하고 봉사한다.

반면, 빚 때문에 고생하는 사람들도 많다. 그들의 공통점은 나쁜 대출을 가지고 있다는 것이다. 재산 증식의 구조가 아닌 재산 감소의 구조가 만들어진다. 그들에게 빚은 그저 고통만 가져다주는 존재다.

30대들은 주로 어떤 대출을 받을까? 대학교에 입학하면서 학자금 대출을 받아 등록금을 내고, 취업하면 대출을 받아 차를 뽑는다. 그리고 결혼하면서 전세 자금을 마련하기 위해 전세자금대출을 받는다. 모두 나쁜 대출이다. 이자비용만 나갈 뿐 재산이 늘어나지 못한다. 출발선에서부터 재산 증식의 반대 방향으로 달려가고 있는 것이다.

당신은 어떤 대출을 가지고 있는가? 그리고 앞으로 어떤 대출을 받아야 할까? 이미 나쁜 대출을 가지고 있다면 하루라도 빨리 갚아버리자. 그리고 앞으로는 좋은 대출만 받자. 당신이 어떤 대출을 받느냐에 따라 재산 증식의 지름길로 갈 수도 있고, 재산 증식과 반대 방향으로 갈 수도 있음을 명심하기 바란다.

나쁜 대출을 좋은 대출로 갈아타기

몇 년 전 친한 지인이 이사를 했다. 전세 계약이 만료돼서 조금 더 큰 집으로 옮긴 것이다. 처음에는 미분양 아파트의 매매를 알아봤지만, 결국 다른 집에 전세 계약을 했다.

매매를 하지 않고 전세 계약을 한 이유를 물었더니, 그는 두 가지를 이야기했다. 첫째는 주택담보대출금리가 지금 쓰고 있는 전세자금대출금리보다 1%가량 높아 주택 매매 시 이자비용이 늘어나기 때문이다. 둘째는 아파트를 사려면 지금보다 3,000만 원 정도의 자금이 더 필요해 높은 금리의 신용대출을 받아야 하는 것이 부담스러웠기 때문이다.

그의 심정이 이해는 가지만 나는 매우 아쉬웠다. 나쁜 대출(전세자금대출)을 좋은 대출(주택담보대출)로 바꿀 수 있는 아주 좋은 기회를 놓쳤기 때문이다. 그리고 1% 정도의 대출금리 차이는 집을 매입했을 때 향후 발생할 인플레이션(집값 상승)으로 충분히 극복할 수 있었을 것이다.

그의 잘못은 두 가지였다. 첫째는 좋은 대출과 나쁜 대출을 구분하지 못하고 대출은 되도록 없는 게 좋다고 생각한 것이다. 둘째는 인플레이션에 대한 믿음이 부족해 인플레이션에 돈을 맡기지 못한 것이다.

나는 아직 미분양된 아파트이니 지금이라도 대출을 받아 계약금을 걸어놓자고 했다. 어차피 완공까지 2~3년 정도 시간이 걸리니 그때 전셋집을 빼서 새집으로 이사 갈 수 있기 때문이었다. 그러기로 하고 다시 알아봤는데, 그가 원하는 평수는 며칠 전에 이미 계약이 완료됐다고 한다. 재산 증식의 기회를 허무하게 놓친 것이다. 한번 떠난 버스는 불러도 다시 돌아오지 않는다.

레버리지 똑똑하게 활용하는 방법

....

고위험 레버리지 vs. 저위험 레버리지

주식담보대출과 주택담보대출은 둘 다 인플레이션을 발생시킬 수 있는 대출이다. 그렇다면 둘 다 적극적으로 활용해야 할까?

주식담보대출과 주택담보대출은 같은 담보대출이어도 많은 차이가 있다.

일단 금리에서 차이가 난다. 보통 주식담보대출의 금리가 주택담보대출보다 높다. 그리고 주식은 장이 열리는 시간에 매수와 매도가 끊임없이 이루어지므로 가격이 실시간으로 변동한다. 담보가치가 실시간으로 변하는 것이다.

그리고 주식담보대출은 일정 담보비율 밑으로 주가가 하락하면 대출 상환을 위해 내 주식이 강제로 청산된다. 이를 '반대매매'라고 하는데 향후 가격이 크게 오를 주식이어도 당장 주가가 크게 하락했다면 청산을 피할 수 없다.

주식담보대출의 가장 큰 문제점은 투자자에게 심리적으로 단기간의 수익을 강요한다는 것이다. 금리가 높다 보니 투자자들은 빨리 수익을 내서 대출금을 상환하려고 하며, 주식이 청산될까 봐 두려워 손실이 조금이라도 발생하면 팔기 쉽다. 인플레이션이 충분히 발생할 때까지 기다리기 어려운 것이다.

따라서 초보자는 주식담보대출을 피하는 것이 좋다. 자산가치가 크게 하락하면 큰 피해를 감수해야 하기 때문이다. 주식 투자는 아무리 실력이 있어도 본질적으로 리스크가 존재한다. 주식담보대출을 받았다가 잘못되면 오히려 큰 피해를 입어 주식 투자 자체에 대한 부정적인 트라우마가 형성될 수 있다. 나 역시 주식 투자를 계속하고 있지만 주식담보대출을 받아본 적이 없다. 혹시 모를 위험을 대비하기 위해 가진 돈으로만 투자한다.

반면 주택담보대출은 금리가 비교적 낮다. 그리고 주택 가격이 내려갔다고 해서 강제로 청산되는 일도 없다. 물론 집값도 하락할 때가 있지만 주식에 비해서는 변동성이 작으며 비교적 안정적인 인플레이션이 발생한다.

레버리지에도 고위험과 저위험이 존재하는데, 주식담보대출은 '고위험 레버리지'이고 주택담보대출은 상대적으로 '저위험 레버리지'

다. 기왕이면 저위험 레버리지를 활용해야 한다. 30대 초보 투자자가 레버리지를 활용하고자 한다면 저위험 레버리지인 주택담보대출이 우선이다. 대출에도 우선순위가 있는 것이다.

보유 주택을 담보로 한 추가 대출

주택담보대출은 LTV(주택담보대출비율)를 초과해서 받을 수 없다. 예를 들어 5억 원짜리 아파트를 구입할 때 LTV가 40%라면 2억 원을 초과해서 대출을 받을 수 없다. LTV는 정권의 정책 방향에 따라서 수시로 달라진다. 이명박 정부 때 60%이던 LTV는 박근혜 정부에서 70%로 늘어났다. 침체된 내수 경제를 부동산 경기를 활성화해 살리려는 의도였다. 그리고 문재인 정부가 들어서면서 부동산 투기를 잡겠다는 명분으로 서울을 비롯한 투기 지역의 LTV는 40%까지 내려갔다.

LTV 한도를 꽉 채워서 대출을 받았다면 더 이상 주택담보대출을 받을 수 없을까? 예를 들어, LTV가 40%인 서울에 5억 원짜리 아파트를 구입하면서 2억 원의 대출을 받았다고 하자. LTV를 꽉 채워서 대출을 받은 것이다. LTV가 40%로 쭉 유지된다면, 향후에 같은 집으로 추가 대출을 받지는 못하는 걸까?

정답은 '받을 수 있다'이다. 왜냐하면 인플레이션이 발생하기 때문이다. 5억 원짜리 집이 인플레이션이 발생해 6억 원이 됐다면, 6억 원의 40%인 총 2억 4,000만 원을 대출받을 수 있다. 현재 2억 원의 대출이 있으므로 4,000만 원의 추가 대출이 가능하다. 이는 투자에 활용할 수 있는 목돈 4,000만 원이 생겼음을 의미한다. 이와 같이 주택을 한 번 구입하면 지속적인 저금리 대출을 받아 레버리지를 활용할 수 있다.

저금리와 레버리지

레버리지를 활용할 때, 대출금리보다 낮은 인플레이션이 발생하면 낭패를 볼 수 있다. 예를 들어 연 5%의 금리로 1억 원을 대출받아 투자했는데 연 3%의 인플레이션이 발생했다면 −2%, 즉 200만 원의 손실이 발생한다. 그러므로 레버리지를 활용할 때는 대출금리보다 높은 인플레이션이 발생해야 한다.

저금리 상황에서는 대출금리보다 높은 인플레이션이 발생할 가능성이 커진다. 대출금리가 낮아 이자 부담이 적은데, 돈이 많아지면서 화폐가치가 하락해 인플레이션이 발생하기 때문이다. 따라서 고금리보다 저금리일 때 레버리지를 적극적으로 활용해야 한다.

2008년 금융위기 이후, 전 세계적으로 돈을 풀기 위해 금리를 대폭 인하했다. 2020년 코로나 위기 이후로도 저금리는 지속되고 있다. 물론 금리라는 것이 오르기도 하고 내리기도 하는 것이지만 이런 저금리 기조는 당분간 계속될 가능성이 크다. 투자자들에게는 레버리지를 활용하는 데 유리한 환경이 만들어진 것이다.

대출을 갚는 타이밍도 재테크다

대출을 상환할까, 그 돈으로 투자를 할까

나는 첫 주택을 구입하면서 집값의 70%를 은행에서 대출받았다. 거치 기간(이자만 내도 되는 기간)이 3년이고 금리가 2%대로 낮았기 때문에 내 소득으로 대출 원리금(원금과 이자)을 상환하는 것이 부담되지는 않았다. 그러나 대출이 많을수록 좋을 것이 없다는 생각에 기회가 되는 대로 빨리 갚아야겠다고 마음먹었다.

그래서 나는 인플레이션을 발생시킬 수 있는 '좋은 대출'을 가지고 있음에도 7,000만 원의 자금으로 대출금을 일부 상환했다. 그때는 그것이 매우 어리석은 행동이라는 걸 몰랐다. 만약 과거로 돌아갈 수 있다면 그 시기로 돌아가 대출금을 상환하는 나를 뜯어말릴 것이다.

7,000만 원의 돈을 빚 갚는 데 쓰고 나니 남아 있는 돈은 1,000만 원 정도밖에 되지 않았다. 그즈음 가상화폐인 이더리움을 알게 되어 남은 돈 중 절반인 500만 원을 투자했다. 더 많은 자금을 투자하고 싶었지만 대출 상환에 다 써서 돈이 없었다. 다시 대출을 받을까도 생각했지만 상환한 지 한 달도 안 됐는데 또다시 대출을 받는다는 게 심리적으로 내키지 않았다. 당시 500만 원밖에 투자를 못 해 아쉬워했던 기억이 선명하다.

이후 가상화폐 투기 광풍이 불어닥치면서 이더리움 가격은 하늘 높은 줄 모르고 치솟았다. 나는 당시 약 7,000만 원의 수익을 달성하고 시장에서 빠져나왔다. 대출 상환에 쓴 금액 중 3분의 1도 안 되는 금액인 2,000만 원만 이더리움에 더 투자했다면 3억 원가량의 수익을 올릴 수 있었을 것이다. 그러나 다 부질없는 이야기다.

저금리 시대, 좋은 대출은 빨리 갚을 필요가 없다

이때의 아쉬움은 나에게 저금리의 주택담보대출은 서둘러 갚을 필요가 없다는 교훈을 주었다. 대출을 갚아 매월 납부하는 원리금이 얼마나 줄어들지 계산할 시간에 대출금리보다 높은 인플레이션이 발생할 수 있는 자산을 찾는 것이 훨씬 더 생산적이다.

이후 정권이 바뀌면서 강도 높은 대출 규제가 시행됐고 돈을 빌리기가 더욱 어려워졌다. 그러면서 대출이 없는 것이 축복이 아니라 대출을 받을 수 있는 것이 축복이라는 것을 알았다. 나는 아직도 수억 원의 주택 및 상가 등의 부동산 담보대출이 남아 있다. 그리고 대출금을 몽땅 갚을 수 있는 현금과 금융자산을 가지고 있다. 그러나 내 소득이 드라마틱하게 줄어들지 않는 한, 당장 갚을 생각은 추호도 없다.

예전부터 어른들은 대출은 최대한 빨리 갚아야 한다고 주입해왔다. 예전에는 지금보다 금리가 훨씬 높았기 때문에 틀린 이야기는 아니었다. 그러나 시대가 바뀌면서 저금리 시대가 도래했고 대출 상환보다 더 나은 선택지들이 생겼다.

물론 지금도 자신의 소득으로 주택담보대출 원리금을 감당하기 어렵거나 너무 빠듯하다면 일부 상환을 해야 한다. 너무 무리하면 삶의 질이 저하되고 자산가치가 하락했을 때 큰 타격을 받을 수 있기 때문이다. 그러나 그렇지 않은 경우라면 굳이 서둘러 갚을 필요는 없다. 대출금리 이상의 수익을 낼 수 있는 자산을 찾아 투자하는 것이 재산 증식에 유리하다. 당신은 나를 타산지석으로 삼아 현명한 투자를 하기 바란다.

주식 부자 vs. 부동산 부자

....

20년 동안 20배 상승한 삼성전자 주식

주식 부자가 많을까, 부동산 부자가 많을까? 물론 주식 투자를 해서 부자가 된 사람들도 있지만, 부동산으로 부자가 된 사람들이 더 많다. 왜 그럴까? 주식 수익률이 부동산 수익률보다 낮아서일까?

20년 전 삼성전자 주식을 산 사람과 같은 돈으로 강남의 은마아파트를 산 사람이 있다면, 현재 누가 더 부자일까? 삼성전자 주식을 산 사람이 훨씬 더 부자다. 삼성전자 주식은 무려 20배 이상 상승했다. 개별 종목이 아닌 종합주가지수만 하더라도 1980년대에 비해 약 20배 상승했으니 주식의 수익률이 부동산보다 떨어진다고 볼 수는 없다. 부동산과 마찬가지로 주식 가격에서도 꾸준히 인플레이션이 발생했다. 그런데 왜 주식 부자보다 부동산 부자가 더 많을까?

주식 부자보다 부동산 부자가 더 많은 이유

그 이유는 두 가지다. 첫째, 주식 투자에서는 레버리지를 잘 활용하지 않는다. 주식은 대출받아 사기보다 가지고 있는 돈으로만 사는 경우가 많다. 나 역시 주식 투자를 할 때는 가진 돈으로만 한다. 여유 자금으로만 투자하니 총 투자 금액이 적다.

반면, 부동산은 워낙 고가이다 보니 대개 대출을 받아 산다. 즉, 레버리지를 활용하는 것이다. 따라서 같은 돈을 투자해도 인플레이션을 초과하는 수익을 얻을 수 있으며, 투자 금액이 커지니 같은 수익률이어도 더 많은 돈을 벌 수 있다.

둘째, 주식이 부동산보다 팔기가 쉽다. 주식은 마우스 클릭이나 스마트폰 터치 몇 번 하면 내가 팔고 싶을 때 언제든지 팔 수 있다. 그래서 돈이 필요해지면 보통 부동산보다 주식을 판다. 수익이 나도 조금 났을 때 팔고, 손실이 발생하면 더 떨어지기 전에 판다. 인플레이션이 충분히 발생하기 전에 팔아치운다. 20년 전 사들인 삼성전자 주식을 지금까지 가지고 있는 사람이 얼마나 될까?

반면 부동산은 주식보다 팔기가 어렵다. 클릭이나 터치 몇 번에 팔수가 없다. 웬만하면 그냥 가지고 있는 경우가 많다. 팔아서 처분한다고 하더라도 돈을 더 보태 새로운 부동산을 산다. 인플레이션이 충분히 발생할 때까지 보유하는 것이다. 레버리지를 활용하면서 인플레이션을 충분히 발생시키니 부동산 부자가 많을 수밖에 없다.

이자가 없는 레버리지를 활용하라

••

이자 없이 남의 돈을 쓰는 방법

레버리지 투자의 단점은 빌린 돈에 대한 이자를 내야 한다는 것이다. 인플레이션으로 수익이 발생해도 대출이자만큼의 비용이 발생했으니 수익률이 그만큼 감소한다.

예를 들어 매매가 5억 원의 주택을 자기자본 2억 원과 대출 3억 원으로 샀다고 가정해보자. 대출금리는 연 3%다. 5년 후, 6억 원에 주택을 팔았다. 자기자본 2억 원에 1억 원의 차익이 생겼으니 수익률은 5년간 50%, 연평균 10%다. 그러나 1년에 900만 원씩 5년간 총 4,500만 원의 대출이자를 냈으므로 순수익은 1억 원에서 4,500만 원을 차감한 5,500만 원이다. 순수익률은 5년간 27.5%, 연평균 5.5%로 줄어든다.

투자자에게 가장 좋은 것은 레버리지를 활용하되, 이자를 내지 않는 것이다. 그러면 인플레이션보다 높은 수익을 얻으면서 수익률이 차감되지 않는다. 하지만 대출을 받으면 하루만 지나도 이자가 발생하는데, 과연 그런 방법이 있을까?

무이자 레버리지, 전세

우리나라에서는 대출을 받지 않고도 레버리지를 활용할 수 있다. 이 것은 다른 나라에서는 할 수 없는, 거의 우리나라에서만 가능한 방법이다. 당신을 포함하여 우리나라 사람들은 이미 레버리지 활용에 유리한 환경에 있는 것이다.

대체 어떤 방법일까? 바로 전세를 주면서 집을 사는 것이다. 매매가 5억 원의 주택을 전세보증금 3억 원을 끼고 자기자본 2억 원을 보태서 산다. 전세보증금은 이자가 발생하지 않으니 5년 후 6억 원에 주택을 팔았을 때, 50%의 수익률을 온전히 달성할 수 있다. 레버리지를 활용하면서도 대출이자로 인한 수익률 감소가 전혀 없는 것이다. 나는 이것을 '무이자 레버리지'라고 부른다.

사람들은 이런 투자 방법을 '갭 투자'라고 한다. 최근 정부에서는 부동산 투기를 근절하겠다는 이유로 갭 투자에 규제를 가하고 있다.

그러나 주요 규제 대상은 유주택자 및 다주택자들로 무주택자에게는 느슨하다. 무주택자가 집을 사는 것에 대해서는 규제할 이유가 없기 때문이다. 따라서 무이자 레버리지는 무주택자인 30대 사회 초년생이라면 적극적으로 고려해야 할 투자 방법이다.

사회 초년생이 갭 투자에 대해 많이 하는 질문

Q. 집을 사고 세입자를 받아야 하니, 일단 집값만큼 자금이 필요한 것 아닌가?

A. 그렇지 않다. 전세 세입자가 이미 들어와 살고 있는 집을 구매하면 된다. 나는 집을 전 집주인으로부터 구매한다. 전 집주인은 전세 세입자로부터 전세보증금을 받았다. 세입자는 계약 기간이 남았기 때문에 집주인이 바뀌어도 계속 그 집에 거주하며, 전 집주인은 세입자에게 받았던 전세보증금을 새 집주인인 나에게 넘겨주어야 한다. 매매가가 5억 원이고 전세보증금이 3억 원인 집을 예로 들면, 나는 전 집주인에게 5억 원을, 전 집주인은 나에게 3억 원을 줘야 하므로 주택 구입 시 2억 원(5억 원-3억 원)만 전 집주인에게 주면 된다.

Q. 세입자가 나가면 전세보증금을 돌려줘야 하는데 그 자금은 어떻게 마련해야 할까?

A. 그 자금을 내가 마련할 필요는 없다. 세입자는 나가기 최소 한 달 전에 집주인에게 미리 알려준다. 그사이 새로운 세입자를 구하면 된다. 그리고 새로운 세입자로부터 전세보증금을 받아서 이전 세입자에게 돌려주면 된다.

주식, 코인보다 무서운 구매력 위험

선택에 따른 리스크

1장에서 언급한 〈사례 2〉를 다시 보자.

〈사례 2〉

한 쌍의 남녀가 결혼을 앞두고 있다. 둘이 모아놓은 돈과 양가 부모님의 지원금을 모두 합치면 2억 원이다. 이 예비 부부는 집을 사고 싶지만 원하는 집의 가격이 비싸서 전세로 결혼 생활을 시작할 예정이다. 일단 전세로 살다가 돈을 모아 나중에 집을 구입하고자 한다. 이들에게는 세 가지 선택지가 놓여 있다. 어떤 선택을 해야 할까?

① 가지고 있는 돈 2억 원에 2억 원의 대출(연 3%)을 받아 4억 원짜리 전셋집 아파트에 들어간다. 2억 원을 빌렸으므로 대출 이자를 갚아야 하지만 쾌적한 아파트에서 살 수 있다.

② 대출 없이 2억 원짜리 전셋집 빌라에 들어간다. 아파트가 아니라 빌라에 살지만 대출을 받지 않았으니 이자를 낼 필요는 없다.

③ 2억 원의 대출(연 3%)을 받아 2억 원짜리 전셋집 빌라에 들어간다. 대출 없이도 2억 원짜리 전셋집은 마련할 수 있지만 대출 2억 원을 더 받았다. 대출금 이자를 내야 한다.

현실에서 대부분 사람은 ① 또는 ②를 선택한다. 이 둘은 어떤 차이가 있을까? ① 또는 ②를 선택하고 5년이라는 시간이 흘렀다고 해보자.

①번에서는 연 3%에 2억 원의 대출을 받았으므로 매년 600만 원의 이자를 지급해야 한다. 5년 동안 총 3,000만 원의 이자가 발생한다. 즉, 5년 후 자산의 증감액은 −3,000만 원이다.

사람들이 ①을 선택하는 이유는 무엇일까? 그 이유를 우리는 모두 알고 있다. 남부럽지 않은 삶을 살고 싶기 때문이다. 같은 전세라도 빌라보다는 아파트가 낫다는 것이다. 그런데 이들에게 나는 물어보고 싶다. 당신의 집인가? 그리고 그 집에서 평생 살 생각인가?

②번에서는 대출을 받지 않았다. 그러므로 5년 후 자산의 증감액

은 0원이다. ②는 ①에 비해 3,000만 원의 재산을 더 가지고 있게 된다. 주로 안정 지향적인 사람들이 ②와 같은 선택을 한다. 그들에게 부채는 곧 '리스크'다. 어려서부터 주변 어른들이나 지인들로부터 대출받지 말라는 말을 많이 들어왔다. 그리고 대출을 받으면 빚이 생기니 심리적으로 불안하다. 대출이자 낼 돈으로 저축을 하면 돈을 더 모을 수 있다는 생각이 든다.

얼핏 보기에 ②는 위험이 없어 보인다. ①처럼 대출을 받지 않았기 때문이다. 그런데 문제는 ②도 위험에 노출돼 있다는 것이다. 심지어 ①과 똑같은 위험을 가지고 있다. 대출을 받지도 않았는데 ②가 ①과 똑같은 위험을 안고 있다니, 대체 무슨 말일까?

인플레이션으로 인한 구매력 위험

①과 ②가 모두 가지고 있는 위험은 바로 '인플레이션으로 인한 구매력 위험'이다. '인플레이션으로 인한 구매력 위험'이란 말 그대로 물가가 오르면서 구매력이 떨어지는 현상을 말한다. ①번 또는 ②번을 선택했을 때, 전세로 묶여 있던 5년간 물가가 올랐다. 전셋값이 오르고 집값도 올랐다. 그런데 내 재산은 늘지 않았다. ①번에서는 되려 재산이 줄었고, ②번의 재산은 그대로다.

① 또는 ②를 선택한 사람은 지금 사는 집에 전세로라도 계속 살고 싶으면 돈을 보태서 전세보증금을 올려줘야 한다. 아니면 집을 사서

나가야 하는데, 집값이 올라 5년 전에 비해 집을 사기가 더 어려워졌다. 인플레이션으로 인한 구매력 위험이 발생한 것이다.

인플레이션으로 인한 구매력 위험은 일상생활에서 매우 빈번하게 발생한다. 우리 주변에서 흔히 접할 수 있는 사례들을 살펴보자.

전셋집 마련 시: 연봉보다 전세보증금이 더 많이 상승

연봉 4,000만 원인 A는 전세보증금 3억 원의 전셋집에 살고 있다. 인플레이션이 발생해 소득은 10% 올랐다. 그런데 전세 품귀 현상으로 전세보증금이 무려 20% 상승했다. A의 연봉은 400만 원 올랐지만 전세보증금은 6,000만 원이 올랐다. 전세 계약을 연장하기 위해서는 5,600만 원이 더 필요하다. 인플레이션으로 인한 구매력 위험이 발생한 것이다.

집 구입 시: 소득이 집값보다 높은 비율로 상승

연봉 5,000만 원인 B는 매매가 5억 원의 아파트를 구입할 계획이다. B가 돈을 모으는 동안 연봉은 20%, 집값은 10%가 상승했다. 연봉은 1,000만 원이 올랐지만 집값은 5,000만 원 상승했다. 집을 사기 위해서는 예전보다 4,000만 원이 더 필요해졌다. 연봉 상승률이 집값 상승률보다 높지만, 인플레이션으로 인한 구매력 위험을 맞이한 것이다.

이사할 때: 2개의 집이 같은 비율로 인플레이션 발생

매매가 5억 원의 아파트에 살고 있는 C는 매매가 8억 원의 아파트로 이사하고자 한다. 3억 원이 필요한데 돈을 모은 후 부족한 돈은 대출을 받을 생각이다. 그런데 그동안 물가가 상승해 집값이 모두 20% 올랐다. 내 집은 6억 원이 됐지만 이사하고 싶은 집은 9억 6,000만원이 됐다. 이제 이사하기 위해서는 예전보다 6,000만 원이 더 필요하다. 집값이 동일한 비율로 올랐는데도 이사하기는 더욱 힘들어졌다. 인플레이션으로 인한 구매력 위험이 발생한 것이다.

예금할 때: 투자 수익률보다 자산 가격이 더 상승

D는 그동안 모은 전 재산 2억 원을 안전하게 정기예금에 가입했다. 금리는 연 1.5%다. 그는 대출을 받아 1년 후 5억 원의 전셋집을 마련할 계획이다. 그런데 전세 가격이 1년에 5% 상승해 예전보다 2,500만 원 더 비싸졌다. 그가 정기예금으로 받은 이자는 300만 원이다. 이제 전셋집을 장만하기 위해서는 예전보다 2,200만 원이 더 필요하다. 인플레이션으로 인한 구매력 위험이 발생한 것이다.

누구도 피할 수 없는 '무차별 위험'

위 사례들처럼 인플레이션으로 인한 구매력 위험은 우리의 삶에 밀접하게 다가와 있다. 문제는 많은 사람이 이런 위험을 인지하지 못한다는 것이다. 대다수의 사회 초년생에게 위험이란 주식 가격 하락, 코인 가격 하락 등을 의미한다. 당신은 '인플레이션으로 인한 구매력 위험'을 심각한 위험으로 생각해본 적이 있는가?

인플레이션으로 인한 구매력 위험의 무서운 점은 누구도 피할 수 없다는 것이다. 주식 가격 하락이나 코인 가격 하락 위험은 주식 투자나 코인 투자를 하는 사람에게만 적용된다. 그러나 인플레이션으로 인한 구매력 위험은 투자를 하지 않는 사람에게도 적용된다. 그야말로 '무차별 위험'이다. 보통 투자를 하지 않는 사람들은 자신이 위험에 처했다고 생각하지 않는다. 그러나 그들이 마음을 놓고 있는 지금 이 순간에도 인플레이션으로 인한 구매력 위험이 발생하고 있다.

인플레이션에 올라타면 구매력 위험이 사라진다

....

구매력 위험을 피하는 방법

인플레이션으로 인한 구매력 위험을 해결하려면 어떻게 해야 할까? 〈사례 2〉의 정답인 ③에 대해서 알아보자.

> ③ 2억 원의 대출(연 3%)을 받아 2억 원짜리 전셋집 빌라에 들어간다. 대출 없이도 2억 원짜리 전셋집은 마련할 수 있지만 대출 2억 원을 더 받았다. 대출금 이자를 내야 한다.

③번을 선택한 사람은 굳이 대출을 받을 필요가 없었다. 가지고 있

는 돈으로 충분히 전세보증금을 마련할 수 있기 때문이다. 그런데 왜 2억 원이나 대출을 받았을까? 그 이유는 4억 원짜리 집을 구입하기 위해서였다. 전셋집에 거주하지만 투자 목적의 집을 한 채 구입한 것이다.

그런데 어떻게 2억 원이나 대출받을 수 있었을까? 자신이 살고 있는 집의 전세보증금이 2억 원밖에 안 되는데 말이다.

전세보증금담보대출은 보통 전세보증금의 최대 80%까지 가능하다.° 따라서 자신이 살고 있는 2억 원짜리 전셋집의 보증금을 담보로 1억 6,000만 원을 대출받을 수 있다. 그리고 4,000만 원의 마이너스 통장(신용대출)을 만들면 총 2억 원의 대출을 받을 수 있다.

대출 2억 원을 받았다 쳐도 4억 원짜리 집을 구입하려면 2억 원이 부족하다. 나머지 2억 원은 어떻게 마련해야 할까?

매입할 집은 내가 들어가 살 집이 아니다. 그러므로 전세나 월세를 줄 수 있다. 때마침 집값의 55%인 2억 2,000만 원의 전세보증금을 낸 전세 세입자가 살고 있는 주택이 매물로 나왔다. 이제 이 집을 사기 위해서는 1억 8,000만 원만 있으면 된다. 2억 원의 대출을 받았으므로 그중 1억 8,000만 원으로 이 집을 구입할 수 있다. 그리고 남은 대출금 2,000만 원은 취득세와 공인중개사 및 등기 수수료를 내는 데 사용한다.

③번을 선택한 사람은 빌라에 거주하는 전세 세입자이지만 동시에

○ 전세자금대출의 가능 여부, 한도 및 금리는 정부의 규제나 은행의 상황에 따라 달라질 수 있다.

4억 원짜리 집의 집주인이 된 것이다.

이후에는 어떤 일이 벌어질까? 5년 후, 연 3.5%의 인플레이션이 발생해 4억 원짜리 아파트가 4억 7.500만 원으로 올랐다. 경제 성장률보다 약간 높은 정도의 인플레이션이 발생한 것이다. 이 시점에 4억 7,500만 원에 집을 팔아 7,500만 원의 차익을 남겼다. 다만, 연 3%에 2억 원의 대출을 받았으므로 매년 600만 원, 5년간 총 3,000만 원의 이자를 지급해야 했다. 그리고 공인중개사 수수료 등의 비용 500만 원도 들었다. 7,500만 원에서 이를 제하니 약 4,000만 원의 순수익이 발생했다.

구매력 위험, 레버리지로 대응하자

③번을 선택한 사람은 인플레이션이 발생해도 구매력 위험에 시달리지 않는다. 물가가 올랐지만 자신이 가지고 있는 주택 가격 역시 상승했기 때문이다. 오히려 레버리지를 발생시켜 인플레이션보다 높은 수익을 거둘 수 있다.

①, ②, ③의 출발점은 모두 2억 원으로 같았다. 모두 나중에 자신들이 원하는 집을 사기 원했다. 그러나 이들 중 가장 빨리 전세살이를 끝내고 원하는 집을 사는 사람은 누구일까?

당연히 ③이다. 5년이 지났을 때 ③은 ②보다는 4,000만 원 더 많은 재산을, ①보다는 무려 7,000만 원 더 많은 재산을 가지고 있다. 7,000만 원을 마련하려면 매년 1,000만 원씩 7년이나 저축해야 한다.

당신이 〈사례 2〉와 같은 상황을 맞이한다면 어떤 선택을 할 것인가?

지금 당장 풀어야 할 두 가지 과제

지금까지의 내용을 정리해보면 다음과 같다.

◇ 인플레이션에 대한 믿음을 가져라.
◇ 내 돈을 인플레이션에 맡겨라.
◇ 인플레이션을 극대화하기 위해 레버리지를 활용해라.

그런데 이를 위해 해결해야 할 과제가 두 가지 있다.

첫째, 인플레이션에 맡길 돈이 있어야 한다. 얼마 전, 주식 투자로 300만 원의 수익을 냈다는 지인을 만났다. 그는 여유 자금의 일부를 주식에 투자하여 원금 대비 약 30%의 수익을 냈다고 했다. 훌륭한 성공 사례지만 유감스럽게도 300만 원으로는 유의미한 재산을 형성하기 어렵다. 300만 원 더 있다고 더 좋은 집을 살 수 있는 것도 아니며, 충분한 은퇴 준비를 할 수 있는 것도 아니다. 보통 여기저기 쓰다보면 사라지고 말 것이다.

그런데 1억 원을 투자해 30%가 아닌 10%의 인플레이션만 달성해도 1,000만 원의 수익을 얻을 수 있다. 레버리지를 활용해 원금 1억원에 대출 1억 원을 얹어서 총 2억 원을 투자하면 10%의 수익률로도 2,000만 원의 수익을 얻을 수 있다. 수익률이 30%라면 무려 6,000만원의 수익이 발생한다. 300만 원보다는 훨씬 유의미한 재산이 형성된다. 이런 차이는 목돈의 크기에서 비롯된다. 결국 최대한 빨리 목돈을 만드는 것이 관건이다.

둘째, 인플레이션을 유발할 수 있는 자산을 찾아야 한다. 시간이 지나면 '결국' 인플레이션이 발생하지만 모든 자산이 그런 것은 아니다. 다른 집들의 가격이 오를 때도 하락하는 집이 있으며, 코스피 지수(종합주가지수)가 크게 상승하는데도 오히려 가격이 하락하는 주식도 있다. 주식과 부동산 외에 다른 자산들도 마찬가지다. 그러므로 무작정 투자하다가는 다른 사람들의 재산이 늘어날 때 나 홀로 재산이 줄어드는 비참한 상황에 직면할 수 있다. 따라서 인플레이션이 발생할 자산을 신중하게 찾아내는 것이 관건이다.

지금부터 이 두 가지 과제를 해결할 방법들을 알아보자.

03

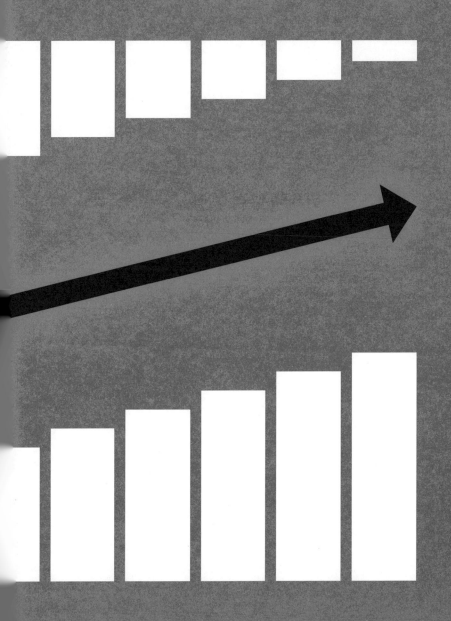

부자로 가는 디딤돌,
목돈 마련과 기초 투자법

◆◆◆

저축의 목적은 '투자할 목돈을 만드는 것'이다.
돈을 모으면서 '인플레이션을 발생시킬 자산'을
찾아내야 한다.

필요한 자금을 계산해보자

···

인생의 4대 자금

인생은 생각보다 길고 돈은 계속 필요하다. 인생 100세 시대이니, 30대 초반의 당신에게는 앞으로 살아갈 날이 지금까지 살아온 날의 2배 정도 된다. 간단하게라도 인생 살면서 필요한 자금을 구체적으로 계산해본 적이 있는가?

지금부터 미래를 상상해보자. 아마 결혼을 해서 아이를 낳고 내 집을 장만할 것이다. 자녀가 대학교에 들어가면 대학교 등록금 및 생활비 등을 지원해줘야 하고, 자신의 은퇴 자금도 마련해야 한다. 결혼 자금, 주택 마련 자금, 자녀 대학교 및 결혼 자금, 은퇴 자금은 '인생의 4대 자금'이라고 할 수 있다. 이것들을 마련하기 위해 돈이 얼마나 있어야 할까?

나의 필요 자금은 얼마일까?

호화로운 생활을 가정하면 끝이 없으니 '적어도 나는 이 정도의 생활 수준은 필요하다'라는 선에서 기본적인 생활을 생각해보자. 결혼 자금은 주택 자금에 포함된다고 가정한다. 신혼집이 전세일 수도 자가일 수도 있지만 결국 미래에 내가 원하는 주택을 사는 데 사용되기 때문이다.

당신이 생각하는 기본적인 생활을 하기 위해서 필요한 자금이 얼마인가?

〈표 3-1〉에서는 주택 마련 자금 10억 원(2021년 기준 서울의 아파트 평균 가격), 자녀 대학교 및 결혼 자금 2억 원, 은퇴 자금(부부합산) 월 500만 원으로 잡았다. 은퇴 자금 월 500만 원 중 월 200만 원은 나와 배우자의 국민연금과 퇴직연금으로 해결한다고 가정한다면, 개별적으로 마련해야 하는 자금은 월 300만 원이다. 노후 생활을 30년으로 가정할 때 필요한 자금은 약 10억 원(300만 원×12개월×30년=약 10억 원)이다. 이를 모두 합하면 필요한 목돈은 22억 원이 된다. 예시를 참고해서 빈칸에 자신의 필요 자금을 써넣어 보자.

항목	필요 자금 (예시)	필요 자금 (직접 기입)
주택 마련	10억 원	
자녀 대학교, 결혼 (대학교 등록금, 생활비, 결혼 자금 지원)	2억 원	
은퇴 자금 = (월 필요 자금 − 200만 원(기본 연금)) × 360개월	10억 원 (월 500만 원)	
합계	22억 원	

당신이 작성한 필요 자금은 얼마인가? 사람마다 다르겠지만, 10억 원 이상은 될 것이다. 이 표를 작성하다 보면 대개 자신이 생각했던 것보다 더 많은 돈이 필요하다는 사실을 알게 된다. 이 금액은 호화로운 생활이 아닌 기본적인 생활을 영위하기 위해 필요한 자금이다. 그리고 여기서는 인플레이션을 고려하지 않았다. 인플레이션을 고려할 경우 필요 자금은 더 늘어난다.

그렇다면 이 자금을 어떻게 마련할 것인가? 하늘에서 갑자기 돈 보따리가 떨어질 일은 없을 테니 일확천금은 우리의 선택지가 아니다. 천릿길도 한 걸음부터인 것처럼 가장 먼저 해야 하는 일은 저축이다. 저축을 해서 목돈이 만들어져야 규모 있는 투자를 할 수 있고, 필요 자금도 더 빨리 마련할 수 있다. 당신은 저축을 얼마나 하고 있는가?

자연스럽게 저축하는 몸을 만들자

···

욜로족과 적금족

〈사례 5〉

입사한 지 3개월 된 신입사원 A에게 자산관리를 어떻게 하고 있는지
물었다. 그는 취업하느라 고생한 자신에 대한 선물이라며 1년 동안은
번 돈을 다 쓰겠다고 했다. 그리고 1년이 지난 후부터 본격적으로 저축
도 하고 투자도 할 계획이라고 말했다.

취업에 성공해 돈을 벌면 하고 싶은 것이 많다. 근사한 옷도 장만하

고 싶고, 분위기 있는 고급 레스토랑에서 식사도 하고 싶다. 멋진 자동차를 사서 연인과 드라이브도 하고 아름다운 해외 휴양지도 가고 싶다. 그런데 하고 싶은 것을 모두 하려면 많은 돈이 필요하다.

이때 사람들은 두 가지 유형으로 갈린다. 하나는 버는 족족 다 쓰는 유형이다. 불확실한 미래보다 현재에 집중해 오늘을 즐겁게 살자는 것이다. 이들을 '욜로YOLO족'이라고 부른다.

다른 하나는 소비를 줄이고 저축을 하는 유형이다. 은행에 찾아가 적금을 들고 금융상품에도 관심을 보인다. 욜로족과는 다른 방식으로 불확실한 미래에 대비하는 것이다. 이들을 '적금족'이라고 부르겠다.

욜로족과 적금족, 누가 더 빠르게 재산을 불릴 수 있을까? 두말할 나위 없이 적금족이다. 욜로족의 재산은 늘 '0'에 수렴한다. 물가도 오르고 집값도 오르니 시간이 지날수록 가난해진다. 반면 적금족은 어느 순간 목돈을 손에 쥐게 된다. 그러면 과거에 못 샀던 것을 살 수 있고 소득이 없을 때를 대비할 수 있다. 투자나 재테크도 가능하다. 돈 없는 사람을 위한 재테크는 없다.

욜로족의 유형별 대응

욜로족이 되는 이유는 두 가지다. 첫째는 너무 적게 벌기 때문이다. '엥겔지수(소득 대비 필수적으로 써야 하는 돈의 비율)'가 높아서 자신의 소득에서 기본적인 지출을 빼면 남는 돈이 거의 없다. 애초에 지출을 줄이기가 거의 불가능하다. 생계를 이어나가고 정상적인 사회생활을 하려면 의식주에 들어가는 비용과 휴대전화 요금, 공과금 등 기본적인 지출을 해야 하기 때문이다. 따라서 이들은 소득을 높이는 데 집중해야 한다. 이직이나 직종 전환, 투잡 등을 적극적으로 고려해야한다.

둘째는 과소비다. 이들은 자신의 소득보다 월 100만 원 정도 더 버는 사람처럼 소비한다. 간혹 〈사례 5〉의 신입사원 A처럼 '올해는 다 쓰고 내년부터 저축해야지'라는 사람을 만난다. 올해까지 욜로족, 내년부터 적금족을 하겠다는데 그러기는 매우 어렵다. '소비'하는 습관이 몸에 배기 때문이다. 머릿속으로는 '저축해야 하는데'라고 생각해도 몸이 이미 소비 쪽으로 이끌려가고 있다. 이런 습관이 만들어지기까지는 1년이 채 걸리지 않는다. 6개월이면 충분하다. 그 이후에는 습관을 바꾸기 어렵다. 건강을 위해 몸을 만들듯이 저축을 위한 몸을 만들어야 한다.

바람직한 소비 습관을 만들려면

체크카드를 사용하는 것도 바람직한 소비 습관 형성에 도움을 준다. 우선 통장 하나를 새로 개설한 후, 한 달에 소비할 금액을 딱 정해서 월급날 이체한다. 그리고 통장에 체크카드를 연결해 사용하는 것이

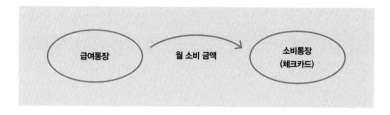

다. 예를 들어 월급이 300만 원인데 월 100만 원을 소비하기로 했으면 매달 100만 원씩 새로 개설한 통장에 이체해 체크카드로만 소비한다. 그러면 100만 원 이상 소비하고 싶어도 잔액이 부족하니 그럴수 없다. 이렇게 6개월만 하면 월 100만 원씩 소비하는 습관을 만들수 있다. 이후에 신용카드를 사용해도 신용카드 사용액이 월 100만원 정도에 머무른다. 월 100만 원씩만 소비하는 몸이 만들어졌기 때문이다.

지출을 줄이기 위해 가계부를 쓰는 것이 가장 좋다고 하지만 사회생활을 하면서 가계부를 쓰기란 여간 번거로운 일이 아니다. 가계부를 쓰기가 귀찮다면 하루의 지출 한도를 정해놓고 쓰는 것도 좋은 방법이다. 이렇게 하면 가계부를 쓰지 않더라도 하루에 얼마를 소비하는지 매일 알 수 있다는 장점이 있다. 당신은 하루하루 얼마씩 소비하는지 정확히 알고 있는가?

나는 성격상 가계부를 쓰지는 못했고 지금도 쓰지 않는다. 대신 사회 초년생 시절 하루에 소비해야 하는 금액의 한도를 정하고 실천했다. 예를 들어 하루에 3만 원의 한도를 정했으면 그 이하의 금액만 소비했다. 이렇게 하면 매일 얼마씩 소비하는지를 안다. 나는 평일에 3만 원보다 적게 쓰고 주말에 조금 더 쓰는 방법을 사용했다. 월~목요일 2만 5,000원을 소비하고 금·토·일에 2만 원을 더 쓰는 것이다. 이렇게 6개월 이상 하다 보면 월 90만 원, 매일 3만 원 이하로 소비하는 습관이 몸에 밴다.

많은 돈을 모을 수 있는 골든타임

···

자녀 초등학교 입학 시기에 가계지출이 급증한다

> **〈사례 6〉**
>
> 김 대리는 매월 50만 원씩 저축하고 있다. 그는 저축이 다소 부족하다
> 고 생각한다. 그러나 급여가 매년 상승할 것이기 때문에 해가 거듭될
> 수록 저축 금액을 늘릴 수 있을 것이다. 그러므로 당장 저축 금액을 늘
> 릴 생각은 없다.

이제 막 직장 생활을 시작한 사회 초년생이라면 높은 연봉을 받기

가 어렵다. 일반적으로 신입사원보다는 과장이나 차장, 부장의 연봉이 더 높다. 그렇다면 김 대리의 계획처럼 미래에 소득이 늘어날수록 저축도 더 많이 할 수 있을까? 절대 그렇지 않다.

결혼을 하고 아이를 낳으면 지출이 늘어난다. 기저귓값, 분윳값, 아이에게 필요한 용품 등을 사줘야 한다. 아이가 커서 유치원에 들어가면 유치원비를 부담해야 한다. 그래도 이 시기의 지출은 상대적으로 크지 않다. 자녀가 초등학생이 되면 더 큰 지출이 기다리고 있다.

주택담보대출 원리금

사람들은 집을 언제 사고 싶어 할까? 물론 늘 사고 싶겠지만 내 집을 마련하고자 하는 욕구가 특히 더 강해지는 시기가 있는데, 바로 자녀가 초등학교 입학을 앞두고 있거나 이제 막 초등학생이 됐을 때다. 이때는 무리를 해서라도 집을 사는 사람들이 늘어난다. 그 이유는 무엇일까?

여러 이유가 있겠지만 아무래도 자녀를 전학 보내고 싶지 않기 때문일 것이다. 만약 내 집 없이 전세를 산다면 계약 기간이 2년이므로 2년마다 이사를 해야 할 수도 있다. 집주인과 이야기가 잘돼 계속 머무를 수도 있겠지만, 그렇지 않을 경우 이사를 가야 한다. 2년마다 이사한다는 것은 자녀 역시 2년마다 전학해야 할 수도 있다는 것을 의미한다.

만약 자녀가 2년마다 전학을 다니면 어떤 일이 벌어질까? 학업이 잘 이어지지 않을 수도 있고, 친구 관계 문제로 스트레스를 받을 수도 있다. 새로운 친구를 사귀고 적응하느라 학업에 소홀해질 수도 있다. 그러다 보면 정서적으로 불안정해질지도 모른다. 이런 것들을 모두 감수하겠다고 하는 부모는 아마 없을 것이다. 이런 일을 막는 가장 좋은 방법은 학교 근처에 집을 사는 것이다. 그러면 전학 다닐 일 없이 안정적으로 학교를 보낼 수 있다.

그래서 이때 무리를 해서라도 집을 사는 사람들이 많아진다. 무리를 한다는 것은 대출을 받았음을 뜻한다. 서울의 7억 원짜리 아파트를 구입할 때 집값의 40%인 2억 8,000만 원의 주택담보대출을 받았다고 가정해보겠다. 대출금리가 연 3%일 경우 갚아야 할 이자가 1년에 840만 원, 매월 70만 원이다. 그런데 계속 이자만 갚을 수는 없다. 거치 기간이 끝나면 원금도 같이 상환해야 한다. 그러면 대출 원리금이 100만 원을 넘는다.

교육비

자녀가 초등학생이 되면 교육도 본격적으로 이루어진다. 자녀의 가능성을 발견하고 다른 아이들에게 뒤처지지 않도록 학원을 보낸다. 자녀가 무언가 배우고 싶다고 하면 부모로선 안 보내줄 수가 없다. 학원비가 만만치 않은데 이는 모두 부모의 부담이다.

의류비

물론 아이가 초등학생 전에도 벌거벗고 다니진 않는다. 대신 유치원에는 유치원복을 입고 간다. 아이가 흙 묻히고 들어오면 다음 날 빨아놓은 유치원복을 입혀 보낸다. 그런데 초등학교에는 사복을 입고 가야 한다. 매일 똑같은 옷을 입혀 보낼 수는 없는 데다가 우리나라는 사계절이 뚜렷해서 봄, 여름, 가을, 겨울옷을 철철이 장만해줘야 한다. 1년 내내 계절에 맞춰 옷을 사 입혔는데 다음 해가 되면 또 새로 사야 한다. 아이가 커서 옷이 안 맞기 때문이다. 결국 초등학교 졸업할 때까지 계절이 바뀔 때마다 옷을 사줘야 하는데 아동복도 웬만한 성인 의류만큼 비싸다.

식비

한창 자랄 나이에는 많이 먹기 때문에 식비도 만만치 않다. 아기 때는 많이 먹지 못하니 엄마 아빠가 음식을 갈아주고 으깨주고 하면서 조금씩 먹인다. 그런데 초등학생은 어떤가. 한창 성장할 때여서 웬만한 성인 이상 먹는다. 삼시세끼 꼬박꼬박 챙겨 먹고 중간중간 간식도 자주 먹는다. 밥이 맛있으면 한 공기 더 달라기 일쑤다. 그렇다고 그만 먹일 수는 없다. 게다가 기왕이면 좋은 음식을 먹이고 싶어서 이것저것 따져가며 식재료와 음식을 구입한다. 자연스레 식비가 늘어난다.

자녀 용돈

요즘 초등학생들은 휴대전화도 사주고 요금도 내줘야 한다. 그리고 원만한 사회생활을 할 수 있도록 용돈도 쥐어줘야 한다.

자녀가 초등학생이 되면 주택담보대출 원리금, 학원비, 아동복, 식비, 용돈 등의 비용이 새롭게 발생한다. 이 중에 뺄 것이 있을까? 기본적인 의식주와 교육비라 딱히 뺄 것이 없다. 이처럼 비용이 증가하면서 저축 여력은 줄어들 가능성이 커진다. 자녀가 많거나 맞벌이를 그만두고 외벌이가 됐다면 저축 여력은 더욱 줄어든다. 연차가 쌓이고 승진을 해 연봉이 늘었어도 오히려 저축은 줄어드는 것이다.

저축의 골든타임

저축을 많이 할 수 있는 시기는 자녀가 초등학생이 되기 전까지다. 보통 사회생활을 시작하고 나서 빠르면 10년, 늦으면 20년이다. 이때 저축으로 주택 마련, 자녀 대학교 교육비와 은퇴 자금까지 해결할 수 있는 초석을 다져야 한다. 사회생활을 시작한 지 몇 년이 지났거나 이미 결혼한 신혼부부인데 저축을 많이 하고 있지 않다면 매우 위험하다. 이미 자산관리와 인생 설계에 빨간불이 들어온 것이다. 지금부

〈그림 3-2〉 저축의 골든타임

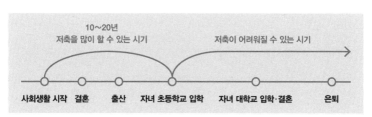

터 10년 동안 바짝 저축한다고 생각하자. 왜냐하면 이 시기가 저축의
골든타임이기 때문이다.

저축, 계획을 세워 실행하자

우리 부모님 세대만 하더라도 저축의 골든타임이 10년은 아니었다.
우리 세대보다 훨씬 일찍 사회에 진출해서 돈도 일찍 벌었을뿐더러
집값도 지금보다 쌌다. 고도성장기에 높은 임금 상승을 경험했고 은
행 금리도 연 10% 이상이었다. 자녀를 낳고 학교를 보내도 충분히
저축할 수 있었다.

　그러나 지금은 부모님 세대와 상황이 다르다. 지금은 사회생활 시
작 후 10년을 어떻게 보내느냐가 여생을 통틀어 삶의 질을 좌우할 수
있다. 10년 동안 버는 족족 다 써버려 남은 돈이 없다면, 집은 어떻게
장만할 것이며 노후 준비는 어떻게 할 것인가. 〈표 3-2〉를 작성해보
면서 저축 가능한 금액을 최대한 마련해보자.

〈표 3-2〉 저축 가능 금액 정하기

월 소득 (실수령액)	월 고정지출 (월세, 공과금, 인터넷·휴대전화 요금, 부모님 용돈 등)	월 변동지출 (고정지출 외 지출)	월 저축 가능 금액	연간 저축 가능 금액
만 원	만 원	만 원	만 원	만 원

돈을 모으는 목적은 주택 구입이 아니다

집 사려고 적금 붓는 사람들

얼마 전, 꽤 알려진 IT 소프트웨어 개발 회사에서 재테크 강의를 했다. IT 회사여서인지 20대 사원들이 많았다. 나이가 좀 들어 보이는 사원들도 기껏해야 30대 초·중반 정도였다. 그분들에게 적금을 하고 있다면 손을 들어보라고 했더니 절반 이상이 손을 들었다. 적금을 하고 있어도 손을 안 든 사람도 있었을 테니 실제로는 더 많았을 것이다. '욜로족'이 아니라 '적금족'을 선택한 사람들이 많다는 생각에 기분이 좋았다.

그런데 이렇게 열심히 적금을 부어서 부자가 될 수 있을까? 맨 앞자리에 앉아 있던 사람에게 "적금을 왜 붓고 계십니까?"라고 물었다. 그랬더니 이렇게 대답했다. "집 사려고요."

과연 적금을 부어서 집을 살 수 있을까? 서울 아파트 평균 가격은 이미 10억 원을 넘어섰다. 평균 이하인 6억 원짜리 아파트를 산다고 가정해보자. 집값의 40%는 대출로 충당한다고 해도 3억 6,000만 원이 필요하다.

월 실수령액이 300만 원인 직장인이 절반인 150만 원을 매월 저축해도 1년 저축하면 원금 1,800만 원에 약간의 이자가 붙는다. 3억 6,000만 원을 마련하기 위해서는 꼬박 20년을 저축해야 한다. 그런데 20년 후에도 아파트 가격이 계속 6억 원일까? 일반적인 직장인이 저축만으로 집을 사는 것은 거의 불가능하다.

저축의 목적은 '투자에 필요한 목돈 만들기'다

어차피 돈을 모아도 집을 못 사는데 저축은 왜 하는 걸까? 벌어서 열심히 모아야 한다는 옛 어른들의 말씀은 틀린 것일까? 그렇지 않다. 저축은 반드시 필요하다. 다만 저축의 목적이 '부자'나 '주택 구입'이 될 수 없을 뿐이다. 저축의 목적은 '투자할 목돈을 만드는 것'이다. 내 머릿속에 '저축 → 주택 구입'이 아닌, '저축 → 투자 → 주택 구입'이라는 관념을 주입해야 한다.

'저축 → 주택 구입'이라는 사고방식을 가지고 있으면 투자에 진지

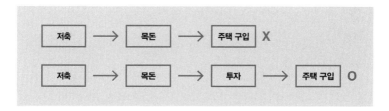

하게 관심을 가지지 않게 된다. 그 결과 투자 실력이 향상되지 않아 재산 증식이 어려워진다. 반면 '저축 → 투자'의 사고방식을 가지고 있으면 목돈이 만들어지는 대로 투자에 나서야 하므로 평상시 투자에 관심을 가지고 실력을 쌓기 위해 노력한다. 그럴수록 성공적인 투자를 할 확률이 높아져 '소득 → 저축 → 투자 → 재산 증식'의 선순환이 만들어진다.

돈을 모으는 동안 공부를 해야 한다

···

재산이 늘지 않는 두 가지 유형

사실 저축을 하는 데에는 특별한 기술이 필요 없다. 그냥 아껴서 모으면 된다. 의지만 있다면 누구나 저축을 할 수 있다. 많은 사람이 저축해서 어느 정도의 목돈을 만드는 데까지는 성공한다. 그런데 똑같이 목돈을 만들어도 재산이 늘어나는 사람이 있는 반면, 그렇지 않은 사람도 있다. 왜 이런 일이 발생할까?

재산 증식이 안 되는 경우는 두 가지 유형 중 하나에 해당한다. 만약 당신이 저축은 계속하는데 재산 증식이 안 된다면 둘 중 하나의 유형에 해당하는 것이다. 첫 번째 유형은 저축한 돈으로 '도박'을 하

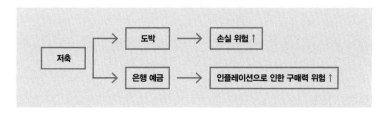

는 것이다. 몇 가지 정보만으로 잘 알지도 못하는 곳에 돈을 집어넣거나 주변 사람 말만 믿고 돈을 넣은 경우다. 그러면서 자신은 그것이 투자라고 생각한다. 돈을 잃고 나면 '다시는 투자를 하지 말아야지'라고 생각하거나, 도박을 끊지 못해 지속적으로 돈을 잃어버린다.

두 번째 유형은 목돈을 은행에 넣어놓는 것이다. 첫 번째와는 정반대의 유형이다. 그래도 이 유형은 첫 번째 유형인 도박보다는 낫다. 적어도 원금을 잃어버리지는 않으니 말이다. 그러나 재산이 증식되지도 않는다. 은행 금리가 물가 상승률을 따라갈 수 없기 때문이다. 이들은 자신이 적어도 안전하게 돈을 관리한다고 생각하지만, 사실 큰 위험에 노출되어 있다. 앞서 살펴봤듯이, 인플레이션으로 인한 구매력 위험이다. 원금 손실이 너무 싫어서 예금을 했는데 오히려 위험에 노출된 것이다.

목돈을 모으는 기간이 투자 공부의 적기

많은 사람이 목돈을 만든 다음 도박을 하거나 예금을 한다. 그래서 재산 증식에 실패한다. 이들의 공통점은 평소 '저축 → 주택 구입'의 사고방식을 가지고 있다는 점이다. 재산을 증식하기 위해서는 '저축 → 투자'의 개념을 장착하고 목돈을 '투자'에 써야 한다.

투자란 '특정한 수익률을 얻기 위해 불확실성을 줄이는 작업'이고, 이를 위해서는 공부가 필수다. 그렇다면 언제 공부해야 할까?

목돈이 만들어지고 난 이후에 공부해야 할까? 당연히 아니다. 목돈이 만들어지는 동안, 즉 저축하는 동안 공부해야 한다. 목돈은 하루아침에 만들어지지 않는다. 이번 달부터 저축한다고 당장 다음 달에 만들어지는 게 아니다. 예컨대 월 100만 원씩 저축한다면 5,000만 원의 목돈을 만드는 데에는 4년 이상 걸린다. 따라서 그동안 열심히 공부해 '인플레이션을 발생시킬 자산'을 찾아내야 한다.

〈그림 3-5〉 투자 공부의 적기

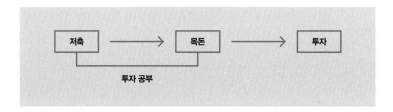

최종 목표는 '투자하는 것'

몇 년 후면 얼마의 목돈이 생길지는 누구보다도 자기 자신이 잘 안다. 그 금액에 맞춰서 레버리지를 고려해 투자할 수 있는 자산을 알아보고 공부해야 한다. 3~4년이면 충분히 하고도 남을 시간이다. 그러면 목돈이 만들어졌을 때 기다렸다는 듯이 투자에 나설 수 있다.

많은 사람이 그저 돈만 모으고 공부를 소홀히 한다. '돈만 모으면 어떻게든 되겠지'라는 생각이다. 그러고는 목돈이 만들어지고 나서부터 어디에 돈을 집어넣을지 생각한다. '돈을 모으는 것'이 목표이기 때문에 벌어지는 일이다. 그러나 목표는 돈을 모으는 것이 아닌, 돈을 모아 '투자하는 것'이어야 한다. 그래야 저축을 하는 동안 공부할 수 있다.

간혹 자신에게 목돈이 얼마 있는데 이 돈을 어디에 넣어야 할지 물어보는 사람들이 있다. 목돈이 만들어지는 동안 '인플레이션을 발생시킬 자산'을 찾지 못한 것이다. 그러다 보니 십중팔구 도박을 하거나 예금에 돈을 넣게 되고 그 결과 재산 증식은 어려워진다. 이런 패턴이 두어 번 반복되면 습관이 된다. 열심히 일하고 부지런히 돈도 모으는데 재산은 늘어나지 않는 답답한 상황이 이어지는 것이다.

도박과 투자의 차이점은 불확실함의 정도

투자라고 착각하는 도박의 사례들

모두가 알다시피 도박은 불확실성에 돈을 거는 것이다. 불확실하기 때문에 돈을 잃어버릴 확률이 높다. 그렇다면 투자란 무엇일까? 투자 역시 수익이 발생할 가능성에 베팅한다는 점에서 도박과 유사하다.

그러면 도박과 투자에는 어떤 차이가 있을까? 투자란 도박에서 '불확실성을 줄이는 작업'을 거친 것이다. 불확실성을 줄이면 어디에 돈을 집어넣어야 할지가 보다 명확해진다. 그런데 많은 사람이 이런 작업을 거치지 않은 채 투자를 한다고 말한다. 도박을 투자로 착각하는 것이다.

도박을 투자로 착각하는 대표적인 사례는 다음과 같다. 혹시 당신도 여기에 해당하는지 스스로 돌아보자.

① A는 지인으로부터 자기가 다니는 회사의 주식을 사라는 권유를 들었다. 자기 회사가 기술 개발에 성공해 곧 매출이 오를 테니 주식을 사두라는 것이었다. A는 그 회사의 내부자인 지인의 말을 믿고 주식을 샀다.

② B는 목돈을 투자하기 위해 증권사를 방문했다. 증권사 직원이 주식 종목들과 금융상품을 추천해주었다. B는 증권사 직원의 말을 믿고 주식 투자를 했다.

③ C의 지인은 가상화폐에 투자해서 많은 돈을 벌었다. C는 지인을 따라 같이 가상화폐에 투자했다.

④ D는 적금 이자율이 낮아 적립식 펀드를 시작했다. 그런데 손실이 날까 봐 불안해서 금융회사에 근무하는 친구에게 잘하고 있는 건지 물어봤다.

위 사례들의 공통점은 불확실성을 줄이는 작업을 자신이 직접 하지 않았다는 것이다. 투자에 대한 정보는 외부에서 얻을 수 있다. 그 이후에 자신이 직접 조사하고 공부해서 스스로 확신을 얻어야 하는데, 이 과정이 생략됐다. 몇 가지 정보만으로 성급히 판단하거나 쉽게 사람을 믿고 돈을 집어넣은 것이다.

불확실성을 줄이는 작업

투자의 달인들도 많은 정보를 외부로부터 접한다. 그러나 이들은 그 이후에 불확실성을 줄이기 위해서 스스로 조사하고 공부한다. 그리고 강한 확신이 생기면 과감히 투자하고 더는 불안해하지 않는다. 워런 버핏 할아버지가 자신이 투자를 잘하고 있는지 다른 사람에게 물어보고 다니는가?

많은 사람이 쉽게 수익을 내려고 한다. 운이 따르면 수익이 날 수도 있다. 도박에 중독된 사람들의 공통점은 도박으로 큰돈을 따본 적이 있다는 것이다. 그러나 행운이 계속될 수는 없으며, 반복적인 도박의 끝에는 비극이 기다리고 있다.

지속적인 수익을 위해서는 불확실성을 줄이는 작업에 심혈을 기울여야 한다. 그렇다면 어떻게 해야 불확실성을 줄일 수 있을까?

떠올려보자! 누구에게나 투자 성공 경험이 있다

누가 더 성공확률이 높을까

〈사례 7〉

A와 B는 친한 친구 사이로, 부동산 투자에 관심이 있다. 둘 다 처음에
는 부동산 투자에 문외한이었다.

그런데 A는 약 5년 동안 주택 공급량과 정책 변화에 따라 집값이 어
떻게 움직이는지를 관찰해왔다. 관심 있는 지역의 주택 가격이 어떻게
변하는지, 개발 계획이 어떻게 되는지를 조사했다. 틈만 나면 새로 분
양하는 아파트의 모델하우스를 드나들었고 현장 방문도 했다. 부동산

세미나에는 돈을 내고서라도 참석했고, 부동산 투자에 관한 책들도 열심히 읽었다. 관련 세금과 대출에 대해서도 공부했다. 이처럼 A는 무엇이 주택 가격에 영향을 미치는지, 지역별 주택 시세가 어떻게 되는지, 정책·세금·대출이 어떻게 바뀌는지 등을 꾸준히 파악해왔다.

반면 B는 5년 동안 주변 사람들의 이야기와 언론 기사 정도로만 정보를 수집했다. 부동산에 대해 스스로 공부를 해보거나 발품을 팔며 돌아다녀 본 적도 없다. 관련 세금이나 정책, 대출에 대해서도 잘 모른다.

만약 A와 B가 같은 시점에 똑같은 돈으로 주택을 매입한다면 누가 더 좋은 집(저평가되어 가격 상승이 예상되는 집)을 살 수 있을까? 당연히 A일 것이다. A와 B는 주택 시장에 대한 경험치가 다르고, 가지고 있는 정보의 양과 질에서도 뚜렷한 차이가 난다. 정보를 해석하고 판단하는 능력 또한 A가 훨씬 뛰어날 것이다.

처음에는 A와 B 둘 다 부동산 투자에는 문외한으로, 수준이 비슷했다. 그러나 5년이 지난 후, A는 어엿한 전문가가 되었다.

행동이 차이를 만든다

내가 본격적으로 사회생활을 시작한 건 2009년으로, 약 13년 전의 일이다. 당연하게도, 주변 친구들 역시 사회 초년생이었다. 당시 친구들을 만나면 부동산 이야기를 많이 했다.

'부동산 투자 잘해야 한다', '우리나라에서 부자가 되려면 부동산밖에 없다', '돈 모아서 좋은 부동산 하나 사야 한다' 등의 이야기였다. 사회생활을 갓 시작한 이들이었지만 부동산에 대한 관심이 뜨겁다는 것을 느낄 수 있었다.

10년이 지난 지금, 그들은 대부분 결혼해 신혼 생활을 보내고 있거나 자녀를 낳아 일과 육아를 병행하면서 지내고 있다. 결혼을 하면서 신혼집도 장만했다. 그런데 나는 놀라운 점을 발견했다. 대다수가 신혼집을 장만할 때 처음으로 집을 보러 다닌다는 것이다. 그 전까진 발품을 팔면서 집을 보러 다녀본 적이 없으며 부동산 공부도 당연히 해본 적이 없다.

그래서 신혼집을 구할 때 부동산을 잘 아는 사람과 같이 다니려고 한다. 주변에 그런 지인이 없는 경우에는 그래도 집을 한두 번 사본 부모님과 함께 가기도 한다. 관련 지식이나 경험이 없다 보니 자신도 혼자 돌아다니기 불안한 것이다. 그들은 오래전부터 부동산 투자를 잘해야 한다고 '생각'만 했을 뿐, 실제로는 아무것도 하지 않았던 것이다. 투자를 잘하기 위해 '행동'하는 사람은 생각보다 적다.

부동산이 아닌 주식이나 채권 등 자본 시장에 대한 투자도 마찬가지다. 시장과 산업 그리고 개별 기업에 대해 수년간 공부하고 경험해 온 사람과 이제 막 시작하려는 사람 중 누가 더 투자를 잘할 수 있을까? 당연히 오랜 시간 공부한 사람이라는 것은 두말할 필요가 없을 것이다. 이같이 투자의 승자는 상식적인 차원에서 결정된다.

투자에 성공한 경험

"당신은 투자를 잘해본 경험이 있습니까?"

사회 초년생들에게 이 질문을 하면 대다수가 없다고 대답한다. 그런데 이 대답은 틀렸다. 왜냐면 모두 투자를 잘해본 경험이 있기 때문이다.

곰곰이 생각해도 투자를 잘해본 기억이 없는데 이게 무슨 소리일까? 투자에 성공했다는 것은 무엇인가를 '싸게 사서 비싸게 팔았다는 것'을 의미한다. 일단 투자에 성공하기 위해서는 싸게 사야 한다. 그런데 우리는 모두 무언가를 싸게 사본 경험이 있다. 우연히 싸게 살 때도 있지만 싸다는 것을 '알고' 살 때도 있다. 어떻게 알았을까?

〈사례 8〉

평범한 여성 직장인 A는 평소에 사고 싶었던 화장품을 어떤 매장에서 내일 하루 5만 원에 판다는 정보를 입수했다. 그 화장품은 보통 최소 8만 원 이상에 팔리던 상품이었다. A는 다음 날 아침 일찍 매장을 방문해 그토록 갖고 싶었던 화장품을 구입했다.

원하는 상품을 싸게 손에 넣어 기분이 좋아진 A는 남자친구에게 화장품을 보여주면서 5만 원에 샀다고 말했다. 그러자 남자친구가 말했다.

"이게 5만 원이나 해? 너무 비싼 거 아냐?"

위 사례는 어떻게 하면 투자에 성공할 수 있으며, 그에 대한 주변의 반응이 어떤지를 잘 보여준다. 아마 여성이라면 A처럼 화장품을 싸게 사본 적이 있을 것이다. A는 어떻게 화장품을 싸게 살 수 있었을까?

그녀는 오랫동안 화장품을 사용해왔고, 추적·관찰해왔으며, 인터넷 쇼핑몰과 오프라인 매장들을 수시로 방문하면서 가격을 비교·분석했을 것이다. 그렇게 얻은 정보는 누가 이야기해준 것이 아닌, 직접 '행동'해서 수집한 것이다. 따라서 어느 매장에서 5만 원에 판다고 했을 때 싸다는 것을 단숨에 눈치챈 것이다.

반면 그녀의 남자친구는 화장품이 비싸다고 생각했다. 왜 그랬을까? 여성 화장품에 대해 잘 모르기 때문이다. 그는 A처럼 여성 화장품을 사용해본 적도, 관심을 가져본 적도 없다. 그저 방금 본 화장품의 겉모습과 가격만을 기준으로 직감적으로 비싸다고 한 것이다.

A가 화장품을 사듯이 부동산을 사면 부동산 투자가 되는 것이고, 주식을 사면 주식 투자, 채권을 사면 채권 투자가 되는 것이다. 투자를 어렵게만 생각했는가? 우리 모두 투자 성공의 경험이 있다. 한 번 성공한 사람은 또 성공할 수 있다. 그러니 할 수 있다는 믿음과 자신감을 갖고 투자를 잘하기 위한 공부를 해보자.

적립식 펀드로 재밌게 실용적인 공부를 하라

펀드에 가입할까, 말까

〈사례 9〉

직장인 A와 B는 매월 50만 원씩(연 600만 원) 미국 주식에 투자하는 적립식 펀드에 가입할까 고민 중이다. 둘은 각각 다음과 같은 선택을 했다.

A. 펀드에 가입한다.

왜냐하면 수익률이 −10%여도 60만 원의 손실만 발생하기 때문이다.

60만 원 잃어버렸다고 내 삶이 송두리째 무너지진 않는다. 집을 못 사거나 노후 준비를 못 하는 것도 아니다. 60만 원이 부족해서 집을 못 샀다는 사람은 본 적이 없다. 그런데 잘되면 10% 이상의 높은 수익도 가능하다. 그러니 펀드에 가입한다.

B. 펀드에 가입하지 않는다.

왜냐하면 수익률이 플러스 10%여도 60만 원의 수익만 발생한다. 60만 원 더 생겼다고 큰 부자가 될 수는 없다. 집을 사거나 충분한 노후자금을 마련할 수도 없다. 그런데 잘못하면 10% 이상의 손실이 날 수도 있다. 수익은 안 나더라도 손실 보는 건 싫다. 그러므로 안전한 적금을 든다.

당신은 누구의 생각에 공감하는가? 사실 A와 B 모두 미국 주식 시장이 상승할지에 대한 확신이 없다. 오를 수도 있고 하락할 수도 있다고 생각한다.

문제의 정답은 A다. 잘못하면 손실이 발생할 수 있는데 왜 A일까? 그 이유는 매달 돈을 적립하면서 '공부'를 할 수 있기 때문이다. 공부를 하기 위해서는 동기 부여가 필요한데, 내 돈이 들어가 있으면 관심이 생기고 공부를 하게 된다.

A는 원래 미국에 관심조차 없었다. 그러나 펀드 가입 후부터 미국 시장이나 주가와 관련 있는 소식이 나오면 들여다봤고, 기사를 읽다가 모르는 내용이 나오면 더 찾아봤다. 주가가 오를 땐 왜 올랐는지,

내릴 땐 왜 내렸는지도 파악하려고 애썼다. 매달 자기 돈이 50만 원씩 들어가고 있으니 자연스레 관심이 생긴 것이다.

펀드 가입 후, 3년의 시간이 흘렀다. A는 적립식 펀드로 목돈을 마련했다. 그리고 그동안 미국 시장을 공부하면서 주가를 추적, 관찰했다. 관련 도서 및 유튜브 등을 통해 전문가들의 의견도 꾸준히 접했다. '서당 개 3년이면 풍월을 읊는다'고, 왜 주가가 오르고 내리는지 논리적으로 설명할 정도는 됐다. 과거보다 미국 시장에 대한 이해가 훨씬 깊어진 것이다.

반면 B는 3년 동안 적금을 부으면서 원금은 지켰다. 그리고 저축을 통해 목돈도 만들었다. 그러나 미국 시장에 대해 아는 것은 거의 없다.

A와 B가 3년 동안 마련한 목돈은 비슷하다. 그러나 그 돈을 가지고 미국 시장에 투자한다면 누가 더 성공할 가능성이 클까? 이 문제에 대한 답은 어렵지 않다. A는 3년 전보다 더욱 자신감 있게 투자해 성과를 낼 수 있다. 그러나 B는 미국 시장을 잘 모르니 투자할 엄두를 못 내거나, 투자를 한다고 해도 주가가 하락하진 않을까 하고 두려움을 떨치지 못한다. 이러면 투자로 성과를 내기가 어렵다.

내 돈이 걸리면 뭔가를 배우게 된다

직장 생활을 하면서 시간을 따로 내서 금융 투자 공부를 하기는 쉽지 않다. 아침 일찍 출근해서 업무에 집중해야 하고, 퇴근 후에는 쉬고 싶기 때문이다. 이럴 때 좋은 방법은 자기 돈을 직접 넣어보는 것이다. 그러면 그때부터 궁금해지고 관심이 생긴다. 사실 돈이 들어가 있지 않다면 자신과 직접적인 관련이 없기 때문에 관심을 가지기 어렵다. 이전부터 공부를 안 했는데 갑자기 공부할 수 있겠는가?

공부를 하는 동안, 운이 좋으면 적립식 펀드에서 수익이 생길 수도 있다. 수익도 챙기고 실력도 쌓았으니 일석이조다. 역시 금융 투자를 잘했다는 생각이 든다. 그러나 반대로 손실이 발생할 수도 있다. 예를 들어 〈사례 9〉의 A처럼 투자했는데 연 10%의 손실이 발생해 60만 원의 손해가 발생했다고 해보자. 그래도 너무 실망할 필요는 없다. 손실 난 금액을 수업료라고 생각하자. 월 5만 원씩 학원비 냈다고 여기는 것이다.

나 역시 처음 목돈을 만들기까지 소액을 펀드, 주식, 채권, ETF, 금 등에 투자했다. 호기심이 많아서인지 이것저것 많이도 했다. 그때만 하더라도 뭐가 뭔지 아무것도 몰랐지만, 그냥 했다. 그 후에 금융 투자를 공부하기 위해 서점에서 펀드·채권·파생상품 등 상품별로 책을 구입해 읽었고, 점점 흥미가 생겨서 지속적으로 금융 시장과 자본 시장, 글로벌 자본 이동에 대한 공부를 했다.

당시 워낙 소액 투자여서 의미 있는 재산을 형성할 순 없었지만 운 좋게도 전 세계적으로 돈이 많이 풀리는 바람에 은행 금리보다 약간 높은 수익을 얻을 수 있었다. 실력보다는 순전히 운이 작용했다고 생각한다.

시간이 흘러 목돈이 만들어졌고 또다시 금융 투자에 나섰다. 이때는 과거와 달리 시장과 산업, 종목을 보는 관점과 실력이 향상되어 나의 판단을 믿고 투자할 수 있었다. 열심히 공부했던 경험을 바탕으로 자신 있게 금융 투자에 나선 것이다. 그리고 운도 따라줘서 예상보다 더 좋은 결과를 얻을 수 있었다.

무리가 가지 않고 적당한 압박을 받는 수준을 정하자

〈사례 9〉는 펀드 투자가 잘될지 안될지 모르는 상황이다. 이와 같이 확신이 없는 상태에서 적립식 펀드에 가입하려고 할 때, 매월 어느 정도의 금액을 넣어야 할까?

일단 액수를 너무 크게 정하면 손실이 발생했을 때 펀드 가입을 후회할 수 있다. '내 인생에 두 번 다시 펀드 투자는 없다'라며 투자를 부정적으로 생각하게 된다. 그러므로 돈을 다 잃어버린다고 하더라도 감당할 수 있는 금액을 투자해야 한다.

그렇다고 액수를 너무 적게 정하는 것도 좋은 방법은 아니다. 그러면 '없어도 되는 돈'이라고 생각해 신경을 쓰지 않게 된다. 관심이 없으니 공부도 안 해 실력이 쌓이지 않는다. 따라서 손실을 감당할 수 있으면서 적당한 압박을 받을 수 있을 정도의 금액으로 정하자.

'무리가 가지 않으면서 적당한 압박을 받을 정도의 금액'이 나한테는 어떤 수준인지 파악해보자. 앞의 〈표 3-2〉에서 정한 '월 저축 가능 금액'을 기준으로 매달 어느 정도의 금액을 투자에 쓸 수 있는지 정해 다음 표의 빈칸에 써넣자.

〈표 3-3〉 금융 투자 가능 금액 정하기

월 저축 가능 금액	월 금융 투자 가능 금액
만 원	만 원

분산투자는 나중에, 지금은 집중하자

수익률에 영향을 미치는 요소들

〈사례 10〉

이제 막 투자를 시작하려는 박 주임은 재테크 도서나 강의를 통해 분산투자를 해야 한다는 말을 들었다. 전문가들의 말을 믿고 분산투자를 하려고 하는데 어떻게 해야 할지를 모르겠다.

투자를 하는 이유는 높은 수익률을 달성하기 위해서다. 수익률에 영향을 미치는 요소들은 다음과 같다.

① 종목 선택(무엇을 사는가): 주식, 채권, 부동산 등 무엇을 사는지에 따라 수익률이 달라진다. 그리고 같은 주식이라도 어떤 종목을 사느냐에 따라 수익률이 달라진다.

② 마켓 타이밍(언제 사고 언제 파는가): '무릎 높이에서 사서 어깨높이에서 팔아라'라는 말이 있듯이, 같은 자산이라도 언제 사서 언제 파느냐에 따라 수익률이 달라진다.

③ 자산배분(자산을 어떻게 나눌 것인가): 자산을 어떻게 분배하느냐에 따라 수익률이 달라진다. 주식, 채권, 부동산, 현금 등의 비율이 바뀌면 수익률도 달라진다.

④ 기타(운 등): 행운도 수익률에 영향을 미친다.

위 네 가지 요소 중 수익률에 가장 큰 영향을 미치는 것은 무엇일까? 당신은 몇 번이라고 생각하는가?

이를 연구한 학자들이 브린슨Brinson, 후드Hood, 비바우어Beebower로 줄여서 'BHB'라고 부른다. 이들은 미국의 연기금을 10년간 추적, 관찰했고 자산배분이 수익률에 가장 큰 영향을 미친다는 결론을 내렸다. BHB의 연구 결과에 따르면 '③ 자산배분의 영향력'이 무려 92%에 육박하며 나머지 요소들은 모두 합쳐도 8% 정도에 불과하다. 투자를 잘하기 위해서는 자산배분을 어떻게 할 것인가가 가장 중요하다는 얘기다.

경기순환곡선에 따른 자산배분

자산배분을 잘하기 위해서는 결국 분산투자를 해야 한다. 그렇다면 어떻게 분산투자를 해야 할까?

〈그림 3-6〉처럼 자본주의 사회에서는 경기가 상승과 하강을 반복하면서 순환한다. 경기가 상승하는 시기가 인플레이션 구간, 하강하는 시기가 디플레이션 구간이다. 각각의 구간별로 어떤 자산에 투자해야 할까?

〈그림 3-6〉 경기순환곡선

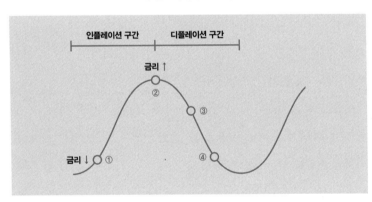

①번 시기: 주식, 부동산, 석유, 원자재

금리가 낮아 인플레이션이 예상되는 시기다. 향후 경기 상승이 예상되므로 주식에 투자하면 좋다. 금리가 낮기에 대출받아 부동산을 사기에도 좋다. 석유나 원자재를 사도 향후 인플레이션이 발생하면서 가격이 오른다.

②번 시기: 채권

금리가 높아 경기 하강이 예상되는 시기다. 향후 유동성이 회수되어 경기가 하강하는 디플레이션이 발생한다. 이렇게 금리가 높을 때는 주식이나 부동산보다는 채권 투자가 유리하다.

③번 시기: 금

경기가 침체되고 있는데 앞으로도 더 침체될 것 같은 불안한 시기다. 사람들은 불안하면 믿을 수 있는 자산(안전자산)을 찾는다. 대표적인 안전자산인 금 가격이 상승할 수 있다.

④번 시기: 현금

워런 버핏은 "금융위기는 우리에게 현금이라는 자산의 중요성에 대해 일깨워주었다"라는 말을 했다. 경기가 크게 침체돼 대부분의 자산 가격이 하락할 때는 현금을 쥐고 있는 것도 방법이다.

성공적인 자산배분을 위해서는 시기별로 자산의 비율을 조정해주어야 한다. 예를 들어 ①번 시기에는 투자 포트폴리오에서 주식과 부동산의 비중을 높이고 ②번 시기에는 채권의 비중을, ③번 시기에는 금의 비중을 높여준다.

그런데 한 가지 문제가 있다. 이렇게 하기 위해서는 주식, 부동산,

원자재, 채권, 금, 현금 등을 모두 보유하고 있어야 한다. 중요한 질문을 해보자. 그만한 돈이 있는가? 주택 마련조차 쉽지 않은 사회 초년생에겐 현실적으로 어려운 일이다.

초보자라면 집중투자가 정답

'계란을 한 바구니에 담지 말라', '여러 마리의 말이 끄는 마차가 빨리 간다' 등은 분산투자를 해야 한다는 격언들이다. 아마 당신도 분산투자를 해야 한다는 말을 수없이 들었을 것이다. 그런데 한 가지 질문을 던져보자. 분산투자로 부자가 된 사람을 본 적이 있는가?

주식으로 부자가 된 사람, 부동산으로 부자가 된 사람, 코인으로 부자가 된 사람들은 흔히 볼 수 있다. 그런데 '어떻게 부자가 됐는가?'라는 질문에 "분산투자를 해서요"라고 답하는 사람은 거의 없다.

금수저로 태어나지 않는 한 처음부터 부자였던 사람은 없다. 그들은 대부분 분산투자가 아닌 집중투자로 재산을 증식했다. 인플레이션이 발생할 자산을 찾아내 레버리지를 일으켜 집중적으로 투자한다. 그렇게 몇 번의 성공을 해내면 눈에 띄게 재산 증식이 이루어진다. 나 역시 분산투자가 아닌 집중투자로 재산을 늘려왔다.

그럼 분산투자는 언제 하는 것일까? 분산투자는 재산이 어느 정도 형성된 후에 가능하다. 분산투자로 부자가 되는 것이 아니라 부자가 되고 나니 분산투자를 하게 되는 것이다. 재산이 많아지면 하지 말라고 해도 자연스럽게 분산투자를 하게 된다.

예를 들어 A는 10억 원 넘는 아파트를 2채 소유하고 있다. 그는 주택을 더 구입하는 것이 망설여진다. 보유세와 양도세 등 세금이 만만 찮기 때문이다. 그래서 주택 외의 자산에 투자했다.

B는 주식과 코인 투자로 수억 원을 벌었다. 주식과 코인은 변동성이 심하고 리스크가 크기 때문에 자신이 번 돈을 안전하게 지키고 싶었다. 그래서 수익금으로 부동산 하나를 매입하고 남는 돈을 예금과 채권에 나누어 넣었다. 주식, 코인, 부동산, 예금, 채권으로 분산투자가 이루어졌다.

이처럼 분산투자는 재산 증식보다는 자산관리 목적이 강하다. 충분한 자산이 없는 사회 초년생은 재산 증식을 위해 집중투자를 해야 한다. 그런데 이른바 전문가라는 사람들도 사회 초년생들에게 분산투자를 권한다. 나 역시 강연이나 도서, 유튜브 등을 통해 그런 말을 하는 사람들을 여럿 봤다. 그러다 보니 분산투자가 옳다는 일종의 '강박'적 현상이 발생하고 있다.

그런 말에 넘어가지 말자. 한 귀로 듣고 한 귀로 흘려야 한다. 분산투자는 이미 부자가 된 사람들을 위한 것이다. BHB 역시 소액 자산이 아닌 미국의 대형 연기금을 대상으로 연구한 것이 아닌가. 분산투자에 신경 쓸 시간에 인플레이션을 발생시킬 자산 1개를 찾아야 한다. 재산 증식을 원한다면 집중투자에 집중하라.

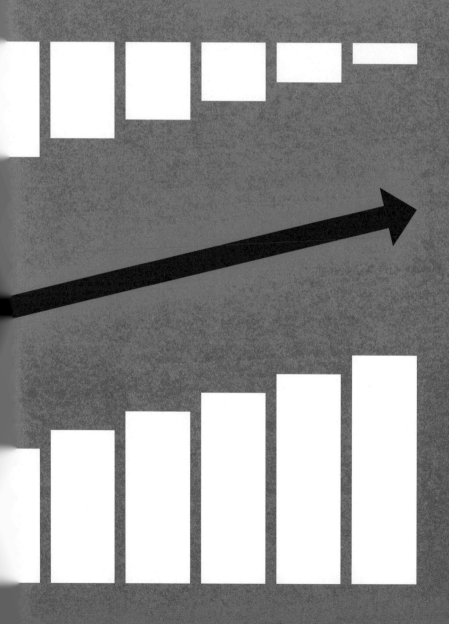

MZ세대가
부동산에 투자하는 법

◆◆◆

부동산도 1억 이하의 소액으로
얼마든지 투자할 수 있다.
기회가 될 때 최대한 일찍
내 집을 마련해야 한다.

많은 투자 상품 중 무엇부터 공부해야 할까?

....

나는 부동산 공부를 추천한다

주식, 부동산, 채권, 코인, 금, 석유, 파생상품 등 투자 자산은 많고 그만큼 공부할 것도 많다. 물론 가장 좋은 것은 모두 공부하는 것이다. 그러나 직장 생활이나 사업 등 밥벌이를 하면서 이것들을 모두 공부하기는 현실적으로 어렵다. 현업에 종사하는 전문가들조차 이 모든 자산을 완벽하게 알지는 못한다. 그래서 우선순위를 정해서 공부할 필요가 있다.

　그럼 무엇부터 공부하는 것이 좋을까? 이 질문을 던지면 주식부터 공부해야 한다는 대답을 가장 많이 한다. 소액으로도 투자가 가능하고 잘하면 높은 수익률을 올릴 수 있기 때문일 것이다. 사실 틀린 이야기는 아니다. 어떤 자산이든 관심이 가고 잘할 수 있을 것 같은 자산을 공부하면 된다.

그런데 똑같은 질문을 나에게 한다면 부동산 공부를 먼저 해보라고 대답할 것이다. 부동산도 주택, 토지, 오피스텔, 상가, 꼬마빌딩 등 여러 가지가 있다. 그중에서 주택을 먼저 공부하라고 권하고 싶은데 그 이유는 다음과 같다.

첫째, 레버리지를 활용하기 용이하다. 다른 자산들에 비해 대출이 수월하며 대출금리도 상대적으로 낮다. 그리고 전세보증금을 활용하면 무이자로 레버리지를 활용할 수도 있다. 앞서 말했듯이 레버리지를 활용하면 인플레이션보다 높은 수익률을 얻을 수 있다.

둘째, 가격이 비교적 안정적으로 변동한다. 주식 가격이 변동하듯이 주택 가격도 변동하는데, 가격이 실시간으로 변하는 주식에 비해서는 비교적 안정적인 인플레이션이 발생한다. 매일 들여다보게 되는 주식과 달리 심리적으로 안정감을 느낄 수 있다.

셋째, 저금리 시대에 유리하다. 우리는 초저금리의 시대에 살고 있다. 과거 경제가 고도성장을 하던 시기에는 금리가 높았다. 그러나 지금처럼 저성장이 이어진다면 저금리가 지속될 가능성이 크다. 금리가 낮으면 시중에 풀린 돈이 부동산으로 들어와 부동산 가격을 상승시키게 된다. 그리고 대출이자의 부담이 덜하기 때문에 대출을 받아 부동산을 사기도 쉬워진다.

넷째, 어차피 실거주 목적의 주택이 하나는 필요하다. 전세나 월세 등 셋방살이를 하면 주거의 안정성이 떨어진다. 계약 기간이 정해져 있어 계약 기간이 끝나면 이사를 가야 할 수도 있기 때문이다. 거주 불안에 대한 스트레스는 오로지 나의 몫이다. 그에 비해 자가 주택을 마련하면 주거의 안정성이 어느 정도 보장된다. 사람들이 무리를 해서라도 자가를 마련하려는 이유가 바로 이것이다. 향후 만족스러운 보금자리를 마련하기 위해서라도 미리미리 공부해서 좋은 주택을 구입하는 안목을 기를 필요가 있다.

부동산도 1억 이하의 자금으로 얼마든지 투자할 수 있다

사회 초년생들도 여유만 있으면 집을 사고 싶어 한다. 주식과 집을 모두 살 수 있는데 한 가지만 사야 한다면 집을 사겠다는 사람들이 더 많을 것이다. 그럼에도 부동산 투자를 먼저 떠올리지 않는 이유는 부동산 가격이 비싸서 많은 돈이 필요하다고 생각하기 때문이다. 몇 억 정도는 있어야 부동산 투자를 할 수 있을 것 같은데 사회 초년생인 자신에게 그만큼의 돈이 없는 것이다. 그래서 소액으로 할 수 있는 주식 투자에만 매달린다.

그러나 이와 같은 생각은 편견이다. 억대 자금으로만 부동산 투자가 가능할 것이라는 고정관념을 버려야 한다. 1억 이하의 자금으로도 부동산 투자가 충분히 가능하기 때문이다.

소액 아파트 투자, 이렇게 성공했다

실제로 내가 소액으로 부동산 투자에 성공한 사례를 이야기하고자 한다. 다만, 과거 사례이므로 현재 상황과는 차이가 있을 수 있다. 이 사례를 현재 상황에 적용하려고 하기보다는 어떤 의사결정 과정을 거쳐 투자해야 하는지에 초점을 맞추기 바란다.

1억 미만의 자금으로 아파트 투자를 계획하다

2018년은 3년간 오르던 주택 가격이 다소 소강상태를 보이던 때다. 당시 내가 원하는 집으로 이사를 가기 위해서는 자금이 더 필요했다.

그런데 주택 공급량을 확인하니 2020년부터 주택 공급이 크게 부족해져 향후 주택 가격이 상승할 가능성이 컸다. 그 집의 가격도 오르기 때문에 이사를 가기가 더 어려워진다. '인플레이션으로 인한 구매력 위험'이 발생하는 것이다.

그래서 주택을 구입하기로 마음먹었다. 1억 원 미만의 자금으로 주택을 매입해 월세를 받아야겠다는 계획을 세웠다. 월세를 받으면 보유하고 있는 기간에도 수익을 낼 수 있기 때문이다. 그리고 전국 대학병원 리스트를 뽑아 수도권 내에서 대학병원과 대학교가 같이 있는 곳을 찾았다. 대학병원의 간호사 및 임직원들, 대학교에 다니는 대학생들이 인근 주택에서 월세로 거주할 가능성이 크기 때문이다. 그 과정에서 수원의 아주대학교와 아주대학교병원이 눈에 띄었다.

아주대 근처의 아파트 중에 1억 원 미만의 금액으로 거래할 수 있는 대단지가 있었다. 월세 거래량을 조사해보니 웬만한 서울 아파트 단지 거래량의 1.5~2.0배 정도였다. 월세 수요가 풍부하다는 뜻이다. 그리고 가격 상승률 역시 서울 수도권 아파트에 비해 크게 뒤지지 않는 것으로 보아 꾸준한 매매 수요가 있음을 알 수 있었다.

현장을 찾아가 보니 실제로 병원의 직원들 및 간호사들, 대학생들이 월세로 많이 거주하고 있었다. 웬만해서는 월세가 끊기지 않을 것이란 확신이 생겼다. 그리고 아파트 단지 바로 앞에 지하철역이 들어올 것으로 확정됐으며, 건축한 지 30년 넘은 아파트였기 때문에 재건축에 대한 기대감도 있었다.

곧바로 계약을 진행했다. 월세를 받고 싶었지만 처음에는 전세 세입자가 거주하고 있는 주택을 매입했다. 매매가 1억 8,800만 원, 전세보증금 1억 2,000만 원으로 실제 투자금은 세금과 중개 수수료 포함 7,000만 원이었다. 그리고 몇 달 후 전세 계약이 만료되고 월세로 전환했다. 보증금 1,000만 원에 월 50만 원의 월세를 받았다. 전세 세입자에게 줘야 할 전세보증금은 대출을 받아 해결했다. 월세로 대출 이자를 내고도 은행 금리 환산 연 2% 정도의 수익이 발생했다.

3년 만에 350% 이상의 수익을 안겨준 소액 투자

3년 후, 아파트 가격이 4억 5,000만 원이 됐다. 매매가 대비 2억 6,000만 원이 오른 것이다. 투자 원금이 7,000만 원이었으므로 350%가 넘는 수익률을 달성했다. 인플레이션으로 인한 구매력 위험에서 벗어나 내가 원하는 집에 이사를 가기가 수월해졌다.

당시 1억 원 미만의 자금으로 아파트를 샀다고 했을 때 주변에서는 그게 가능하냐며 신기해하는 사람이 많았다. 소액으로는 아파트를 구입하기가 어렵다는 고정관념이 있었던 것이다. 그러다 보니 부동산에 대해 적극적으로 공부하거나 알아보지 않게 되고, 부동산 투자의 기회도 같이 사라진다.

부동산 규제 정책이 실패한 이유

∙∙∙

규제가 강력할수록 높아지는 집값?

문재인 정부는 집권 초기부터 주택 가격을 안정시키겠다는 강력한 메시지를 보냈다. 그리고 투기 수요를 억제하고자 다양한 정책을 쏟아냈다. 그러나 집값은 계속 올랐고 투기 수요가 잡히기는커녕 전국적으로 부동산 열풍이 불었다. 정부는 더 강력한 정책들을 끊임없이 쏟아냈지만, 이를 비웃기라도 하듯 집값은 더 올랐다. 집이 있는 사람과 없는 사람 간의 재산 격차가 벌어져 자산의 양극화가 심해졌고, 불안해진 30대는 '영끌(영혼까지 끌어모음)'을 해서 집을 사기 시작했다.

주택 가격 역시 다른 재화와 마찬가지로 수요와 공급의 영향을 받는다. 수요가 감소하면 가격이 내려간다. 주택 수요는 거주 목적의 실수요와 투자 목적의 투기적 수요로 이루어져 있다. 누구나 집 한 채정도는 살 수 있어야 하므로 정부 차원에서 거주 목적의 실수요 규제를 하는 것은 불가능하다. 그래서 정부는 투기적 수요를 억제하여 집값을 안정시키고자 했다. 수요가 감소하면 가격이 하락하니 별다른 문제가 없어 보인다. 그런데 왜 주택 가격은 계속 올랐을까?

정부는 주택 가격 상승의 원인으로 투기 수요를 지목했다.

투기 수요는 집값 상승의 원인이 아니라 결과다

2010~2014년은 우리나라 주택 가격이 내려가던 시기다. 믿기 어렵겠지만 우리나라에서도 무려 5년 동안 주택 가격이 내려가던 때가 있었다. 이때는 집을 사는 사람이 거의 없었다. 집값이 계속 내려가니 집을 사지 않고 전세로 들어갔다. 집값은 내려가는데 전세 수요가 급증해 전세가가 상승하면서 집값과 전세가의 갭이 대폭 줄었다. 전세가가 집값의 80%에 이르는 집들이 수두룩했고, 심지어 집값보다 전세가가 비싼 아파트 단지가 언론에 소개되기도 했다.

이때 전세 살던 사람들은 돈을 조금만 더 마련하면 집을 살 수 있었다. 집값의 70%까지 대출이 나왔기에 돈을 빌리기도 쉬웠다. 그럼에도 집을 사는 사람이 거의 없었다.

청약통장을 해지하는 사람들도 속출했다. 전국이 미분양이어서 내가 원하는 아파트의 동과 호수를 찍어 살 수 있는데 군이 청약통장을 들고 있을 필요가 있냐는 것이 그 이유였다.

서울 도심에 지어지는 아파트의 모델하우스는 파리만 날렸다. 서울을 포함한 전국이 미분양이니 사람이 없는 것이 당연했다. 아파트를 분양하니 모델하우스 한 번만 와보라는 호객 전화가 수시로 걸려 왔다.

나는 2013년에 집을 사기 위해 수시로 모델하우스를 드나들었다. 방문자가 워낙 없으니 모델하우스를 방문하면 서너 명씩 달라붙어 상담을 해주었다. 선물로 각티슈를 하도 많이 받아서 수년간 티슈 살 일이 없었다.

이때는 실수요뿐만 아니라 투기 수요도 찾아보기 어려웠다. 집값이 계속 내려가니 투자 목적으로 하나 사라고 꼬드겨도 집을 사는 사람이 거의 없었다. 투기 수요가 바퀴벌레처럼 사라진 것이다. 하지만 주택 가격이 오르면 투기 수요는 귀신같이 살아난다. 집값이 계속 오르니 정부가 아무리 강하게 규제해도 부동산 투자 열풍이 불고 어떻게 해서든 집을 사려는 사람들이 늘어나는 것을 보라.

투기 수요는 '집값의 원인이 아니라 결과'다. 투기 수요가 많아서 집값이 오르는 것이 아니라 집값이 올라서 투기 수요가 많아진 것이다. 그러니 투기 수요를 잡겠다고 규제를 강화해도 집값이 잡힐 리가 없다. 투기 수요를 잡기 위해서는 투기 수요의 원인인 집값을 내려야 한다. 그러면 자연스럽게 투기 수요가 사라질 것이다. 정부 정책이 실패한 원인은 집값의 원인과 결과를 혼동한 데 있다.

수요보다 공급의 영향을 크게 받는 주택 가격

그렇다면 어떻게 해야 집값을 안정시킬 수 있을까? 1990년대 노태우 정부는 주택 200만 호를 공급하는 정책을 추진했다. 이때 분당·일산 등의 도시들이 개발됐고, 주택 가격이 안정됐다. 2003~2008년 집권한 노무현 정부는 지금처럼 강력한 수요 억제 정책을 폈지만 집값이 크게 올랐다. 그러자 공급 부족을 해결하기 위해 판교 등에 2기 신도시를 개발했다.

이후 2008~2013년 집권한 이명박 정부는 서울과 인근 도심에 시세보다 저렴한 보금자리주택을 대거 공급했다. 그 결과 2010~2014년 수도권의 주택 가격이 5년간 내려갔다. 2015년부터 2017년까지는 주택 가격이 크게 오르는 데 비해 서울과 수도권 도심의 주택 공급량이 부족했던 시기다. 2018~2019년 공급이 증가하면서 주택 가격이 잠시 안정을 찾고 일부 아파트 가격은 다소 내려갔다. 2020년부터는 공급이 감소하면서 주택 가격이 다시 오르기 시작했다.

이와 같이 우리나라 주택 가격은 주택 수요보다는 공급의 영향을 훨씬 많이 받는다. 공급이 증가하면 주택 가격이 내려가고 공급이 줄어들면 주택 가격이 오르는 현상이 반복된다. 그러므로 집값을 안정시키고 싶으면 주택 공급을 늘리는 것이 가장 좋은 방법이다.

문재인 정부의 정책은 투기 수요 억제 정책이었지만 주택 공급에도 악영향을 끼쳤다. 정부는 다주택자의 취득세와 보유세, 양도소득세를 대폭 인상했다. 특히 양도소득세는 양도차익의 최대 70%까지

부과된다. 예를 들어 5억 원에 취득한 집을 10억 원에 팔면 약 3억 원 정도를 양도세로 내야 한다. 다주택자의 세금 규제로 투기를 억제하 겠다는 취지였다.

그러나 양도세 부담 때문에 다주택자들이 집을 팔지 않았고 매물 이 잠기는 현상이 벌어졌다. 주택 공급은 부족해졌고 주택 가격이 올 라갔다.

민간택지 분양가 상한제도 공급 부족을 부추긴다. 분양가 상한제 는 신규 아파트를 싸게 살 수 있도록 만든 제도다. 예를 들어 이전 같 으면 8억 원에 분양했을 아파트를 분양가 상한제로 6억 원에 살 수 있다. 이 제도는 원래 공공주택(주공아파트)에만 적용했는데, 2019년부 터 민영주택에까지 확대했다. 주공아파트뿐만 아니라 민영아파트도 싸게 공급해 집값을 내리겠다는 의도였다.

그러나 민간택지 분양가 상한제는 민영주택 사업 주체인 시행사와 시공사의 수익성을 떨어뜨렸다. 8억 원에 분양할 아파트를 6억 원에 분양해야 하니 그만큼의 손실을 감수해야 하기 때문이다. 사업성이 없어 사업을 포기하는 경우가 늘어나고, 이는 공급 부족을 일으켜 주 택 가격 상승으로 이어질 수 있다.

재건축·재개발이 어려워진 것도 공급 부족을 일으켰다. 재건축은 오래된 아파트 단지를 허물고 새 아파트 단지를 지어 올리는 것이고, 재개발은 오래된 동네를 허물어 새 아파트 단지를 올리는 것이다. 재 건축이나 재개발이 확정되면 해당 지역의 주택 가격이 오른다. 정부 는 재건축·재개발을 억제해 가격을 안정시키려고 했다. 재건축 안전진단 강화, 조합원 요건 강화 등의 규제로 재건축이 어려워졌다. 서울시는 2012~2018년 6년 동안 재개발 추진 지역 393곳을 무더기로 취소시켰다. 사실상 재개발을 틀어막은 것이다.

그러나 재건축과 재개발은 도심의 주택 공급을 늘리는 효과적인 수단이다. 예를 들어 5층짜리 빌라 단지를 재개발해 25층짜리 아파트를 지으면 공급이 늘어나고, 15층짜리 아파트 단지를 재건축해 25층 아파트 단지를 지어도 공급이 늘어난다. 정부의 재건축·재개발 규제는 서울 및 수도권의 공급을 감소시켜 주택 가격 상승을 일으켰다.

집값 잡으려면 공급을 늘려야 한다

집값을 잡는 효과적인 방법은 사람들이 많이 살고 싶어 하는 서울 및 수도권 도심 지역에 주택 공급을 늘리는 것이다. 무주공산의 빈 땅을 찾아서 아파트를 지어 올리면 좋겠지만 도심에 빈 땅이 있을 리 없다. 도심에 주택을 공급하는 방법은 다음 세 가지뿐이다.

① 집을 파는 사람들이 늘어나 시장의 매물이 늘어난다.
② 재건축·재개발로 새 아파트를 지어 올린다.
③ 그린벨트를 해제해 아파트를 지어 올린다.

이 중에서 가장 마지막에 사용해야 할 카드는 ③ 그린벨트 해제다.

도심 녹지와 환경 보호를 위해 그린벨트는 웬만해서는 건드리지 말아야 한다. 결국 ① 시장 매물을 늘리고 ② 재건축·재개발을 해야 하는데, 정부 규제로 둘 다 막혀 있으니 공급이 부족해 집값이 오를 수밖에 없다. 이 사실을 뒤늦게 깨달은 정부가 부랴부랴 3기 신도시를 공급한다지만 입주까지는 수년이 소요되기 때문에 단기간의 주택 공급에는 큰 영향을 줄 수 없다.

주택 가격 상승으로 가장 큰 어려움을 겪는 사람들은 무주택자다. 정부는 다주택자를 규제해 부동산 가격을 안정시켜 무주택자를 보호하고자 했으나, 오히려 주택 가격 상승이라는 부메랑이 되어 무주택자에게 되돌아왔다.

2030세대에게 더 좁아진 내 집 마련의 길

문재인 정부 들어서 2030세대의 신규 아파트 공급이 특히 줄어들었다. 특정 세대에게만 공급이 줄어들 수도 있을까? 우리나라 아파트는 먼저 분양을 하고 집을 짓는 선분양 후시공 시스템이다. 아파트 분양 시 청약 인원이 많으면 어쩔 수 없이 당첨자를 가려내야 한다. 예를 들어 2,000세대의 아파트를 짓는데 3만 세대가 그 집을 사고 싶어 한다면 그중에서 2,000세대를 추려내야 한다.

민영주택의 경우 과거에는 추첨 50%, 청약가점제° 50%로 선발했다. 이 제도는 2030세대보다는 나이가 많은 무주택자에게 유리하다.

나이가 많을수록 무주택 기간이 길고, 부양가족이 많으며, 통장 가입 기간이 길기 때문이다. 따라서 경쟁이 치열할 경우 2030세대가 청약가점제로 아파트에 당첨되기는 어렵다. 그래도 과거에는 추첨제를 활용해 당첨이 되는 경우가 많았다. 추첨제는 말 그대로 '무작위 뽑기'이기 때문에 나이가 어려도 운이 좋으면 당첨이 될 수 있다.

그러나 문재인 정부는 85㎡(30평대) 이하 민영아파트 청약 시 추첨제를 없애고 100% 청약가점제를 시행했다. 가점이 높은 사람들부터 차례대로 아파트를 공급하기로 한 것이다. 그 결과 서울의 민영아파트는 가점이 70점 정도는 되어야 당첨될 수 있었다. 이는 무주택 기간(만 30세부터 카운트)과 통장 가입 기간이 15년 이상, 부양가족이 3인 이상이어야 가능한 점수다. 자연스럽게 2030세대의 신규 아파트 당첨 기회는 날아갔다.

일부 물량이 신혼부부 특별공급으로 나왔지만 적은 물량에 신혼부부들이 대거 몰리면서 당첨이 그야말로 하늘의 별 따기가 됐다. 2030세대이면서도 일찍 결혼해 신혼부부 시기가 지난 젊은 부부나 1인 가구에게는 이마저도 기회가 없었다. 과거에는 추첨제와 신혼부부 특별공급이 모두 있었지만 지금은 신혼부부 특별공급만 남아 2030세대의 신규 아파트 공급이 크게 줄었다.

이로 인해 2030세대는 비교적 저렴한 비용으로 주택을 마련할 기

○ 무주택 기간, 부양가족 수, 청약통장 가입 기간에 가점을 주어 점수가 높은 사람에게 당첨의 기회를 주는 제도다. 무주택 기간이 길수록, 부양가족이 많을수록, 청약통장 가입 기간이 길수록 높은 점수를 받아 당첨 확률이 올라간다.

회를 빼앗겼다. 신규 아파트 당첨은 사회 초년생이 비교적 저렴한 비용으로 아파트를 구입할 수 있는 방법이었다. 주택 자금을 한꺼번에 지급해야 하는 기존 아파트 구입과 달리 새 아파트를 분양받으면 자금을 쪼개서 낼 수 있기 때문이다.

예를 들어 매매가 6억 원의 기존 아파트를 집값의 40%를 대출받아 구입하면, 집값의 60%인 3억 6,000만 원의 자금이 필요하다. 여기에 취득세와 공인중개사 수수료, 등기비용까지 합치면 당장 4억 원 가까운 목돈을 가지고 있어야 한다.

그러나 분양가 6억 원의 새 아파트에 당첨되면 당장 내야 하는 자금은 계약금 정도다. 보통 계약금은 분양가의 10%이므로 수중에 6,000만 원만 가지고 있으면 된다. 이후 집이 지어지는 동안 약 3년에 걸쳐서 집값의 60% 정도를 중도금으로 낸다. 중도금 역시 한꺼번에 지급하는 것이 아니라 보통 4개월에 한 번꼴로 나누어 낸다. 대개 집값의 10%를 6회에 걸쳐 쪼개 낸다. 그리고 마지막 입주 시점에 나머지 잔금을 치른다. 중도금과 잔금이 부족하면 주택담보대출을 활용할 수 있다.

기존 아파트 구입이 일시불이라면 새 아파트 구입은 일종의 할부 구입이다. 사회 초년생 입장에서는 당장 많은 돈이 필요한 기존 주택 구입에 비해, 새 아파트를 분양받아 장기간에 걸쳐 주택 자금을 나누어 내는 것을 선호할 수밖에 없다. 그러나 민영아파트를 분양받기 어려워지면서 가뜩이나 비싸진 기존 아파트 구입을 강요당했고, 이를 위해 많은 돈을 마련해야만 하는 상황에 내몰렸다.

주택 공급량에 구매 타이밍이 있다

•••

인구가 줄어도 가구 수는 당분간 증가한다

우리나라의 주택 가격이 공급에 큰 영향을 받은 이유는 주택 수요가
튼튼하게 받쳐주었기 때문이다. 주택 수요가 크게 감소한다면 주택
가격도 영향을 받을 수밖에 없다.

2021년 3월 사상 처음으로 인구가 감소한 이래, 우리나라의 인구
는 감소세를 지속하고 있다. 앞으로도 경제활동 인구는 점점 더 줄어
들 것이다. 인구가 줄어들면 주택의 수요가 감소하니 주택 가격이 내
려가는 것 아닐까?

그러나 인구가 감소한다고 주택 수요가 급감할 가능성은 거의 없

다. 왜냐하면 가구 수가 늘어나고 있기 때문이다. 인구가 줄어도 가구 수가 늘어나면 주택 수요는 증가한다. 혼자 살아도 집은 필요하며 원룸보다는 투룸, 투룸보다는 방 3개짜리 아파트에 살고 싶은 것이 사람의 마음이다.

내 어린 시절만 하더라도 4인 이상의 가족이 많았다. 우리 집도 할아버지, 할머니를 모시고 사는 6인 가구였다. 그러나 지금은 4인 이상의 가구가 줄어들고 1인, 2인 가구가 늘어났다. 가구가 분화하면서 전체 가구 수가 증가한 것이다. 가구 수는 증가했지만 평균 가구원 수는 줄어들었다. 현재 가구당 평균 가구원 수는 2.3명 정도다. 앞으로도 평균 가구원 수는 줄어들면서 가구 수가 증가하는 현상이 당분간 지속될 것이다.

주택 수요를 결정하는 것은 인구가 아닌 가구 수다. 가구 수 증가세가 지속되는 한 주택 가격은 수요보다 공급의 영향을 더 받을 것이다.

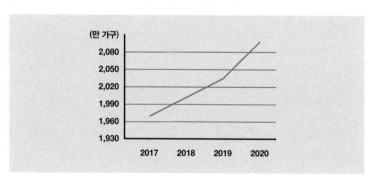

〈그림 4-1〉 연도별 가구 수 추이

출처: 통계청, 인구총조사

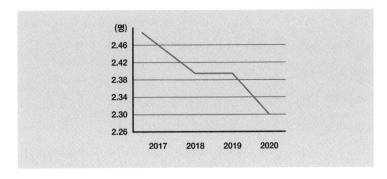

〈그림 4-2〉 연도별 평균 가구원 수

출처: 통계청, 인구총조사

공급 물량으로 주택 가격 변화를 예상할 수 있다

주택 가격과 주택 공급 간에 밀접한 관계가 있다면, 주택의 공급량을 미리 알 순 없을까?

보통 신규 아파트는 분양 신청을 먼저 하고 집을 짓는다. 집이 다 지어질 때까지 3년 정도 걸리고, 집이 다 지어지면 입주를 시작한다. 이때 입주 물량이 아파트 공급량이다. 그러므로 분양 물량을 체크하면 3년 후의 공급량을 어느 정도 파악할 수 있다. 특히 서울과 수도권의 아파트 분양 물량을 확인하면 3년 후 주택 가격의 흐름을 어느 정도 예상할 수 있다.

〈그림 4-3〉은 서울 아파트 공급 추이다. 입주 물량이 아파트 공급량인데 분양 물량과 3년 정도의 차이를 두고 움직이고 있다. 2015~2017년 분양 물량이 비교적 많아 2018~2020년까지 입주

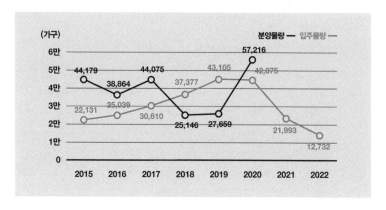

〈그림 4-3〉 서울 아파트 공급 추이(임대 포함)

출처: 부동산114

물량이 늘어난다. 반면 2018~2019년 분양 물량이 대폭 감소하니 2020~2022년 입주 물량 역시 크게 줄어든다. 분양 물량은 2020년부터 다시 증가하므로 2023년부터 입주 물량이 늘어 아파트 공급이 증가할 것이다. 따라서 2023년부터는 주택 가격이 내려갈 가능성이 있다.

이같이 분양 물량을 파악하면 공급 측면에서 약 3년 후의 주택 가격을 어느 정도 예상해볼 수 있다.

분양 물량과 입주 물량에 대한 자료는 어디에서 얻을 수 있을까? 관심 있는 사람이라면 누구나 국토교통부 홈페이지를 통해서 매년, 매월 확인해볼 수 있다.

〈표 4-1〉은 2020년의 입주 물량 자료다. 아파트와 공급량, 5년 평균과 전년 대비 증감률까지 자세하게 나와 있다. 주택 공급량을 꾸준

히 파악해 앞으로의 투자 의사 결정에 활용해보자.

〈표 4-1〉 주택 인허가 및 준공 자료(2020년 12월)

(단위: 호, %)

구분	2020년		2019년		5년 평균		전년 대비 증감률		5년 대비 증감률	
	12월 (a)	1~12월 (b)	12월 (c)	1~12월 (d)	12월 (e)	1~12월 (f)	12월 (a/c)	1~12월 (b/d)	12월 (a/e)	1~12월 (b/f)
계	96,803	457,514	100,635	487,975	97,388	637,386	△3.8	△6.2	△0.6	△28.2
아파트	87,456	351,700	92,540	378,169	82,531	458,839	△5.5	△7.0	△6.0	△23.4
비아파트	9,347	105,814	8,095	109,806	14,857	178,547	△15.5	△3.6	△37.1	△40.7

출처: 국토교통부 주택정책과

가격 하락이 예상되더라도 집은 사야 한다

부동산 하락기는 더 좋은 집으로 이사할 기회

〈사례 11〉

무주택자 A는 집값이 끝없이 오르는 것을 보면서 지금이라도 집을 사야 하나 고민이다. 이른바 '영끌'을 하면 직장 근처의 소형 아파트를 살 수 있을 것 같다. 그러나 영끌해서 집을 샀다가 집값이 떨어질까 봐 두려워 매입을 망설이고 있다.

집값도 계속 오르지는 않는다. 상승기가 있으면 하락기도 있기 마련이다. 특히 2023년은 금리가 오르고 공급이 많아져 집값이 하락할 것으로 예상되는 시기다. 빠르면 2022년, 늦어도 2023년에는 집값이 하락할 가능성이 크다. 집값 하락이 예상되는데도 집을 사는 것이 좋을까?

무주택자 사회 초년생이라면 대답은 '그렇다'이다. 힘들게 내 집을 마련했는데 집값이 내려간다면 물론 속상할 것이다. 그러나 내 집만 가격이 하락하는 것이 아니다. 다른 집들도 마찬가지다. 따라서 내 집에 거주하고 있는 실수요자라면 이사를 가기 쉬워진다.

예를 들어, 내가 거주하는 집이 5억 원이고 이사 가고 싶은 집이 7억 원이라고 해보자. 나는 2억 원의 추가 자금을 마련해야 이사를 할 수 있다. 그런데 부동산 하락기가 찾아와 집값이 20%씩 하락해 내 집은 4억 원, 이사하고 싶은 집은 5억 6,000만 원이 됐다. 이제는 1억 6,000만 원만 보태면 이사를 할 수 있다. 집값이 하락한 비율만큼 새집을 구매하기 쉬워진 것이다.

70세 이상의 노인이 거주 목적의 집을 장만했다면 그 집에서 평생 살 가능성이 크다. 그러나 사회 초년생은 그렇지 않다. 소득이 증가하고 결혼과 출산 등으로 가족도 늘어나기 때문에 기회가 되면 더 크고 좋은 집으로 이사하고 싶어 한다.

집값이 내려가지 않고 끊임없이 오르기만 한다면 주택 소유자에게도 그리 기분 좋은 일만은 아니다. 인플레이션으로 인한 구매력 위험이 발생해 상급지로 옮기기가 어려워지기 때문이다. 즉, 부동산 하락기는 더 좋은 집으로 이사 갈 수 있는 절호의 기회다.

무주택자라면, 기회가 될 때 최대한 일찍 집을 사는 것이 좋다

거주 목적이 아닌 투자 목적으로 주택을 구입한 경우라면 어떨까? 이때도 그리 걱정할 필요가 없다. 그 이유는 두 가지다.

첫째, 상급지의 주택으로 갈아타기 쉬워진다. 내 집만 가격이 내린 것이 아니라 다른 집들도 가격이 내렸기 때문에 투자가치가 더 큰 주택을 매입하기 쉬워진다. 투자 목적이므로 거주하지 않기 때문에 이사 비용도 발생하지 않으므로 낮은 비용으로 상급지의 부동산을 구입할 수 있다.

둘째, 추가 자금이 없어서 상급지의 부동산을 구입할 수 없더라도 시간이 지나면 인플레이션이 발생해 집값은 또 올라간다. 다행히 사회 초년생에게는 충분한 '시간'이 있다. 당장 집을 팔아서 자금을 마련해야 하는 경우가 아니라면 '인플레이션에 대한 믿음'을 가지고 그대로 가지고 있어라.

사실 집을 한 번도 사본 적이 없는 사람들은 집값 하락에 대한 걱정이 앞설 것이다. 거의 전 재산을 들여 일생일대의 투자를 했는데 집값이 하락한다? 생각만 해도 끔찍하다. 그러나 지금까지 살펴본 것처럼 1주택자는 부동산 하락기에 거의 영향을 받지 않는다. 오히려 재산 증식의 기회로 활용할 수 있다. 그러니 그만 걱정하고 안심하기 바란다. 무주택자라면 거주 목적이든 투자 목적이든, 주택 구입을 할 수 있을 때 최대한 일찍 해야 한다.

'영끌'은 감당할 수 있는 수준에서

∙∙

영끌의 한도를 정하자

인플레이션이 발생해 집값이 상승하는 시기에는 집값이 더 올라가기 전에 무리를 해서라도 있는 돈 없는 돈 다 긁어모아 집을 사는 사람들이 생긴다. 영혼까지 끌어모은다고 해서 이른바 '영끌'이라고 한다. 나는 '영끌'에 긍정적이다. 무주택자라면 조금 무리를 해서라도 빨리 내 집 하나를 마련하는 것이 좋다고 생각한다.

그런데 문제는 주택담보대출, 신용대출, 2금융 대출, 심지어 지인 대출까지 있는 대로 끌어와서 집을 사는 것이다. 사실 평상시에 무리 하게 대출을 받고 싶어 하는 사람은 거의 없다. 집값이 계속 올라가니 지금 집을 못 사면 영원히 못 산다는 공포심에 무리하게 대출을 받아 집을 사는 것이다. 이른바 '패닉 바잉'이다.

레버리지는 감당할 수 있을 때 득이 된다

〈사례 12〉

A는 월 소득이 350만 원인데 매달 150만 원 정도를 소비하고 200만 원을 저축했다. 그러던 중 집값이 계속 올라 지금 아니면 집을 못 살 것 같아 대출을 잔뜩 받아 집을 샀다. 상환해야 하는 대출 원리금을 계산해보니 월 220만 원이었고, 대출 상환을 위해 매월 소비를 줄이기로 마음먹었다.

그러나 A에게는 이미 소비하는 습관이 형성되어 있기 때문에 지출을 줄이기는 매우 어렵다. 지출을 줄이기는커녕 경조사나 기념일, 뜻하지 않은 소비로 오히려 지출이 늘어날 수도 있다. 그리고 향후 대출금리가 올라가 이자 부담이 커질 수도 있다. 매월 대출 상환으로 스트레스를 받다가 최악의 경우 원리금을 상환하지 못할 수도 있다. 그런 와중에 믿었던 집값이 하락하기라도 한다면? 힘들게 붙잡고 있던 정신줄이 안드로메다로 날아가 버릴 것이다.

누누이 얘기했듯이 대출을 받아 레버리지를 일으켜 집을 사는 것은 매우 바람직하다. 적당한 대출은 재산 증식의 밑거름이다. 그러나 분수에 맞지 않는 과도한 부채는 피하기 바란다. 그렇지 않으면 장밋빛 미래는커녕 오히려 불행한 미래를 맞이해야 할지도 모른다. 눈을 한 단계만 낮추고 찾아보면 괜찮은 매물이 눈에 띌 것이다. 당신의 생각보다 세상은 넓고 살 집은 많다.

집값이 영원히 올라갈 수는 없다

··

계속 오르기만 하거나 내리기만 하는 자산은 없다

〈사례 13〉

박 주임은 입사한 지 1년 된 신입사원이다. 그는 대기업에 다니지만 자신의 소득을 아무리 저축해도 서울의 아파트 한 채 사기 어렵다는 사실을 알고 있다. 어차피 집을 사기 어려우니 대출받아 전셋집을 구하고 남은 자금으로 자신을 위해 소비하는 이른바 '소확행(소소하지만 확실한 행복)'을 누리면서 살아가는 것도 좋을 것 같다고 생각한다.

직장 생활을 이제 막 시작한 사회 초년생은 모아놓은 돈이 없기 때문에 아무리 영끌을 하고 레버리지를 활용해도 주택을 살 만한 자금이 없다. 문제는 이미 집값이 너무 많이 올라 이대로라면 아무리 월급을 받아 한 푼 안 쓰고 모아도 번듯한 집 한 채 사지 못한다는 것이다. 조금 더 일찍 태어났다면 괜찮았을 텐데 시대를 잘못 타고난 것 같다.

그렇다면 박 주임처럼 이대로 포기해야 할까? 어차피 집을 못 사니 자포자기한 마음에 돈을 모으지 않고 마음껏 소비하며 살아야 할까?

집값이 많이 오른 것은 사실이지만 끝없이 오르지는 못한다. 가격이 오르기만 하는 자산은 없다. 자본주의 사회에서는 경기가 순환하기 때문에 자산 가격도 오르내림을 반복한다. 집값도 예외가 아니다. 장기적으로는 인플레이션이 발생해 우상향하지만, 세부적으로 살펴보면 오르는 시기가 있고 내리는 시기가 있다.

과거에도 마찬가지였다. 2000년대 전 세계적인 저금리로 유동성이 풍부해지자 집값이 많이 올랐다. 우리나라 역시 집값이 많이 올라서 당시 노무현 정부도 부동산 시장 과열을 막기 위해 각종 규제를 쏟아냈다. 그럼에도 가격이 많이 오르자, 집값 상승에 대한 공포로 영끌해서 집을 사는 '패닉 바잉' 현상도 나타났다. 나는 2009년 초부터 경제활동을 시작했는데 그때는 이미 집값이 많이 오른 상태여서 어른들이 '요즘 젊은 세대는 집 사기 어려워서 어떡하냐'고 걱정해주셨다.

그런데 영원히 오를 것만 같았던 집값은 2010년부터 2014년까지 하락을 거듭했다. 집값이 내려가는 동안 내 소득은 점점 늘어나서 어느새 목돈을 만들 수 있었고 비교적 싼 가격에 내 집을 마련할 수 있었다.

토끼의 낮잠을 기다리자

지금도 그때와 비슷한 분위기다. 2015년부터 무려 7년간 집값이 상승했다. 그러나 집값은 계속 오르지 못하고 결국 하락할 것이다. 여러 전문가도 집값에 조정이 올 것이라고 예상한다. 나는 이르면 2022년, 늦어도 2023년부터 집값이 하락할 것이라고 예상하는데, 2023년부터 주택 공급이 늘어나기 때문이다.

《토끼와 거북이》이야기에서도 그렇듯, 아무리 빠른 토끼라 해도 계속 달리지는 못한다. 잠시 쉬어가기 위해 낮잠을 잔다. 그사이 거북이는 비록 느리지만 쉬지 않고 걸어가 결국 토끼를 따라잡는다. 집값이 토끼고 당신이 거북이라고 생각하자. 집값이 이미 멀리 달아났지만 낮잠을 자는 시간이 분명히 찾아올 것이다. 그러니 미리 자포자기하거나 불안해할 필요가 없다. 열심히 공부하면서 목돈을 마련하다 보면 역전의 기회가 찾아올 것이다. 그때를 기다리면서 다소 느리더라도 거북이처럼 꾸준히 준비하자.

내 집을 장만하는 네 가지 방법

··

내 집을 장만하기 위해서는 이미 지어져 있는 주택(기존 주택)을 매입하거나 앞으로 지어질 집(신규 주택)을 매입해야 한다. 기존 주택을 매입하는 방법은 두 가지다. 주택 소유자로부터 양도를 받는 것과 경매에 참여해 낙찰을 받는 것이다. 새로 지어질 아파트를 매입하는 방법역시 두 가지다. 일반 분양 시 청약을 넣어 당첨이 되거나, 재건축 또는 재개발 단계에서 주택이나 토지 등을 매입해 입주권을 받아 조합원 분양을 받는 것이다.

　물론 네 가지 방법을 모두 잘 알아서 능수능란하게 활용할 수 있다면 가장 좋을 것이다. 진정한 부동산 고수라고 할 수 있다. 그러나 이제 막 사회생활을 시작한 사회 초년생이 네 가지 분야에 모두 전문가

기존 주택	신규 주택
전 주인으로부터 양도	일반 분양 청약
경매에서 낙찰	조합원 분양(재건축·재개발)

가 되기는 현실적으로 어렵다.

가장 일반적인 방식은 주택 소유자로부터 양도를 받는 것이다. 집 주인이 집을 팔겠다고 매물을 시장에 내놓으면 공인중개사를 통해서 매수하는 방식이다. 대출이나 전세보증금 등의 레버리지를 활용할 수 있으며, 인플레이션으로 인한 시세차익을 얻을 수 있다. 부동산을 한 번도 매입해보지 않은 '부린이'에게 적합한 방법이다.

가장 기본적이면서 간단한 방식이지만 부동산 매입 시 필요한 많은 것을 경험할 수 있다. 여러 지역의 주택 시세가 어떤지, 개발 호재가 있는지, 주거에 적합한지 아닌지, 대출과 전세보증금은 어떻게 활용할 수 있는지, 취득세 및 보유세는 얼마나 되는지 등을 알아보게 된다. 그리고 현장을 방문해서 집도 보고 주변도 둘러보게 된다. 자연스럽게 부동산 투자의 기본기를 습득하는 것이다.

이렇게 주택을 매입하면 집을 보유하고 있다는 심리적 안정감이 생긴다. 그리고 부동산 투자에 대한 막연한 두려움이 사라진다. 음식도 먹어본 사람이 먹는다고, 부동산 투자 역시 처음이 어렵지 두 번째부터는 쉬운 법이다.

청약통장, 미리 준비해두는 게 좋다

아파트 청약 시 필수, 청약통장

분양 아파트에 청약을 넣어 당첨이 되려면 우선 1순위 자격을 가지고 있어야 한다. 분양 신청 시 1순위 자격을 가지고 있는 사람들에게 우선권을 주기 때문이다. 그러기 위해 반드시 필요한 것이 '청약통장'이다.

　과거에 청약통장에는 청약저축·청약예금·청약부금 등이 있었지만, 최근에는 대다수 사람이 만능 통장이라고 불리는 '주택청약종합저축'을 가지고 있다. 이 통장으로 공공주택(주공아파트)과 민영주택(민영아파트) 모두 1순위 자격을 만들 수 있다.

공공주택 1순위를 만들기 위해서는 청약통장 가입 기간이 2년 이상이면서 24회 이상 납입 기준을 충족해야 한다.° 민영주택 1순위는 청약통장 가입 기간이 2년 이상이면서 납입 금액이 지역별 예치금 이상이어야 한다. 가입 기간이 2년 이상이라는 점은 공공주택과 같으나 24회 이상 납입 조건이 없는 대신 통장에 지역별 예치금 이상의 금액이 들어 있어야 한다는 점이 다르다. 지역별 예치금은 〈표 4-3〉과 같다.

서울이나 부산에 거주하는 사람이 인천시의 32평(전용 84㎡) 아파트에 청약하려면 통장에 300만 원 이상이 들어 있어야 한다. 반대로 인천시에 거주하는 사람이 서울의 32평 아파트에 청약하려면 통장에 250만 원이 이상 들어 있어야 한다.

〈표 4-3〉 지역/전용면적별 예치 금액

(단위: 만 원)

구분	서울/부산	기타 광역시	기타 시/군
85m² 이하	300	250	200
102m² 이하	600	400	300
135m² 이하	1,000	700	400
모든 면적	1,500	1,000	500

○ 투기과열 및 청약과열지역, 위축지역, 기타지역에 따라서 기준이 달라질 수 있다.

가능하면 청약통장은 없애지 말자

1순위 자격을 가지고 있다고 해서 무조건 당첨되는 것이 아니다. 예를 들어 1,000세대 아파트를 짓는데 1순위자 1만 명이 신청했다면 그중에서 1,000명만 선발한다. 이때 공공주택은 청약통장 총저축액이 많아야 유리하다.° 청약통장엔 최대 월 50만 원을 납입할 수 있지만 50만 원을 납입해봤자 10만 원까지만 인정을 받는다. 즉 누가 월 10만 원 이상을 '오랜 기간' 납입했는지가 관건이다. 그러다 보니 경쟁이 치열할 경우 30대가 당첨될 가능성이 적다.

30평대(전용 85㎡) 이하 민영주택은 청약가점제로 당첨자를 선정하는데 무주택 기간, 부양가족 수, 청약통장 가입 기간이 길수록 가점이 높아 유리한 구조다. 역시 경쟁이 치열할 경우 30대가 당첨될 가능성이 매우 작다. 청약통장을 만들어 열심히 저축해서 1순위 자격을 만들어봤자 아파트에 당첨될 일이 거의 없는 것이다.

그렇다면 청약통장은 가지고 있을 필요가 없을까? 그렇지 않다. 그럼에도 청약통장은 있어야 한다. 살다 보면 써먹을 일이 생길 수 있기 때문이다. 지금이야 30평대 이하 아파트 청약 시 청약가점제 100%이지만, 예전에는 추첨 50%에 가점제 50%였다. 정부의 부동산 정책 방향에 따라 제도가 달라진 것이다. 따라서 향후 정부의 정책 방향이 바뀌면 추첨제가 부활할 수 있다.

○ 전용면적 40㎡ 초과 주택이 해당한다.

40평형 이상 아파트의 분양 신청을 할 때도 청약통장이 필요하다. 몇 년 전, 마음에 드는 40평형 아파트가 분양 신청을 받았다. 당첨만 되면 큰 시세차익이 보장되는 매력적인 물건이었다. 대형 평수라 집이 있는 사람도 청약할 수 있어서 나 역시 청약일을 기다리고 있었다. 그러나 결국 분양 신청에 실패했다. 신청했는데 당첨이 안 돼 탈락한 것이 아니라, 신청 자체를 못 했다. 청약통장의 예치금이 부족했기 때문이다. 예치금이 1,500만 원 이상 들어 있어야 했는데 당시 통장에 1,000만 원 정도밖에 없었다. 대형 평수에 분양 신청을 하게 될줄 몰라서 청약통장을 확인해보지 않은 나의 불찰이었다.

한 치 앞을 내다보지 못하는 것이 인생살이다. 청약통장을 언제 어떻게 활용할지 알 수 없다. 아직 청약통장이 없다면 서둘러 가입해야 한다. 그리고 나와 같은 실수를 하지 않으려면, 지역별 예치금에 맞는 금액을 꼭 넣어놓길 바란다.

집 하나를 구하더라도 입지를 고려해서

··

최선호 주택 유형, 아파트

우리나라 부동산은 주택 시장이 이끌고, 주택 시장은 아파트가 이끈다. 그런데 아파트가 본격적으로 지어지기 시작한 것은 언제부터일까?

1970년대까지만 하더라도 우리나라 사람들이 가장 선호하는 주택의 형태는 마당이 있는 단독 주택이었다. 당시 돈이 있는 사람들은 잘 가꾸어진 마당이 있는 2층짜리 단독 주택에 많이 살았다. 그러나 지금 "어떤 집에서 살고 싶습니까?"라는 질문을 던지면 연령대를 불문하고 대부분이 아파트를 선택한다. 어느새 우리나라 사람들은 '아파트를 사랑하는 민족'이 됐다.

우리나라에서 아파트가 본격적으로 지어지기 시작한 것은 1970년대 후반부터다. 6·25 전쟁 후에 태어난 베이비붐 세대(1955년생 이후 출생자)가 결혼을 하고 가정을 꾸리던 시기와 맞물린다. 당시 20대였던 베이비붐 세대가 일자리가 많은 서울로 대거 상경했고, 주택 수요가 크게 증가하자 서울 강남을 중심으로 아파트가 지어졌다.

강남의 개발

당시만 하더라도 강남보다 강북이 번화했는데, 인구가 강북에 집중될 것을 우려해 강남에 아파트를 짓기 시작했다. 이해관계가 복잡하고 땅값이 비싼 강북과 달리 강남은 신속한 주택 건축이 가능하다는 장점이 있었다.

강남의 아파트 개발은 단순히 아파트만 짓는 것이 아니었다. 우리나라 토목공사 역사의 한 획을 긋는 사건이었다.

테헤란로는 지하철 2호선 강남역~삼성역의 대로변 주변이다. 1970년대 초 테헤란로는 그야말로 허허벌판이었다. 오늘날의 화려한 테헤란로와는 정말로 대비되는 모습이었다.

테헤란로에서 조금 확장해보면 서초역부터 잠실역까지 지하철 2호선 무려 9개 정거장이 대로 하나로 이어져 있음을 알 수 있다. 강남역에서 아무 생각 없이 앞만 보고 걸어가면 어느새 잠실역에 도착한다. 계획적으로 지어졌기에 가능한 일이다.

대한민국에서 가장 비싼 곳

대로변 주변에는 대형 빌딩들이 즐비하게 들어서 있다. 그리고 이면도로에도 꼬마빌딩들이 상권을 형성한다. 대형 빌딩에는 주로 대기업 및 금융기관들이 입점해 있고 이면도로에는 음식점, 카페, 중소기업, 전문직 종사자들의 사무실 등이 입점해 있다. 서울시 내에서도 일자리가 가장 많은 곳이 바로 강남이다. 수많은 사람이 강남으로 출근한다.

그렇다면 아파트는 어디에 있을까? 압구정, 청담, 도곡, 대치, 양재 등에 아파트가 주로 지어져 있다. 이 지역들은 바둑판식으로 배열되어 있어 교통이 편리하다. 그리고 일자리가 많으니 다른 지역에서도 강남으로 가는 교통편이 발달할 수밖에 없다. 이는 강남에서도 밖으로 가는 교통편이 발달했음을 뜻한다.

주거 지역 인근에는 학교도 있어야 하기 때문에 새로운 학교들이 지어졌다. 그뿐만이 아니라 경기고등학교, 휘문고등학교 같은 명문 학교들이 강남으로 이전했고 학교 주변에는 학원가가 형성됐다.

예술의전당이나 종합운동장 등 문화·예술·체육 시설도 강남에 지어졌다. 지금도 운동 경기, 가수들의 콘서트, 뮤지컬, 심지어 놀이동산까지 강남에서 모두 누릴 수 있다.

이렇게 강남은 비즈니스, 주거, 교통, 교육, 문화예술의 중심지로 만들어졌다. 땅값이 오르는 것은 당연한 일이었다. 이때부터 우리나라 부동산 가격은 강남을 중심으로 움직이기 시작했다. 강남을 대장으로 강남과 가까울수록 차례대로 집값이 비싼 양상을 보인다.

입지에 영향을 미치는 요소들

강남 개발은 우리나라의 주택 가격 상승에 입지가 어떤 영향을 주는지 알 수 있게 해주는 좋은 모델이다. '부동산은 첫째도 입지, 둘째도 입지, 셋째도 입지'라는 말이 있다. 어떤 요소들이 입지에 영향을 미칠까?

강남과의 접근성

입지를 따질 때 가장 중요한 것이 '강남과의 접근성'이다. 강남과의 접근성이 좋을수록 집값이 오른다. 서울에서 강남 다음으로 집값이 비싼 지역은 일명 '마용성'이라고 불리는 마포구, 용산구, 성동구다. 모두 다리 하나만 건너면 강남이고, 대중교통으로도 강남과 가까운 지역들이다. 같은 지역 내에서도 강남과 가까우면 집값이 더 비싸다. 성동구를 예로 들면 강남과 특히 가까운 성수, 옥수가 집값이 더 비싼 편이다.

그 외에도 9호선, 분당선, 신분당선 등이 생기면서 강남과의 접근성이 좋아지는 지역들은 여지없이 집값이 올랐다. 앞으로 개발할 예정인 GTX 노선이 지나가는 지역들 역시 집값이 크게 올랐는데 강남과의 접근성이 좋아질 것으로 기대되면서 가격이 오른 것이다.

일자리

일자리 역시 부동산 가격 상승의 중요한 요인이다. 사람들은 직장에서 먼 곳보다 가까운 곳에서 살기를 원하기 때문에 일자리가 많으면 주택 수요가 많아진다. 또한 유동 인구가 늘어나면서 교통도 편리해지고, 직장인들을 위한 인프라가 구축된다. 자연스럽게 땅값이 올라갈 수밖에 없다.

전국에서 일자리가 가장 많은 도시는 단연 서울이다. 서울시 내에서도 일자리가 많은 곳이 강남과 여의도다. 그리고 명동(중구)과 종로도 일자리가 많다. 모두 부동산 가격이 높은 지역이다. 경기도에서도 판교 등이 일자리가 많아지면서 땅값이 올랐다.

일자리가 서울과 수도권에만 생기는 것은 아니다. 우리나라는 제조업과 IT 강국이다. 제조업 기업은 회사가 커질수록 공장과 연구소를 지어야 하는데, 수도권은 땅값도 비싸고 공장을 지을 대형 부지를 얻기가 쉽지 않다. 그래서 땅값도 싸고 대형 부지를 얻을 수 있는 지방에 공장을 설립하는 경우가 많다. IT 기업들 역시 서울보다는 지방에 데이터센터 설립을 늘리고 있다. 지자체에서도 일자리를 유치하기 위해 기업들에 많은 혜택을 주고 있으니 대기업들의 지방 진출은 점점 늘어날 것이다. 이처럼 대기업들의 일자리가 들어오는 지역들은 투자가치가 있다.

교육

강남이 그랬듯이 교육 여건이 좋아지면 부동산 가격 상승에도 영향을 미친다. 보통 교육 여건은 노후 주택이 재건축 또는 재개발되면서 학교가 지어지고 새로운 인구가 유입되면서 좋아지는 경우가 많다. 학교가 부족한 지역에 학교가 설립되거나 교통의 발달로 교육 인프라 이용이 쉬워지면 교육 여건이 좋아지기도 한다.

재건축·재개발

오래된 아파트나 주택들을 재건축·재개발하면 집값이 상승한다. 따라서 재건축·재개발이 가능한 노후 주택을 눈여겨볼 필요가 있다.

재건축 및 재개발의 가장 큰 장점은 투자비용에 비해 높은 수익률을 얻을 수 있다는 점이다. 재건축이나 재개발을 예상하고 일찍 들어갈수록 노후 주택을 저렴하게 구입해 향후 개발 시 큰 수익을 얻을 수 있다.

재건축과 재개발은 정부 방침 및 지자체 정책의 영향을 많이 받는다. 그러므로 정부와 지자체 정책에 늘 관심을 가지고 지켜봐야 한다. 예를 들어 과거 서울시는 주거정비지수제 등의 규제로 재개발을 가로막았다. 법적 요건 외에 지자체에서 정한 규제가 추가되면서 재개발 진척이 어려웠던 것이다. 그러나 서울 시장이 바뀌면서 주거정비지수제를 포함해 각종 재개발 규제가 철폐됐고, 연 25곳 이상의 재개발구역을 적극적으로 발굴하기로 했다. 이로 인해 기존의 재개발 추진 지역들의 가격이 다시 들썩였다.

노후 지역이 재건축이나 재개발이 되면 주변의 부동산 시세에도 영향을 미친다. 새로운 아파트 단지가 지어지면 새로운 사람들이 유입되고, 교육·교통 등의 기반시설이 개선된다. 이런 환경 개선으로 주변 주택 및 부동산 가격도 덩달아 상승할 수 있다.

　이와 같은 요소들을 호재라고 하는데 이런 호재들이 모두 있을 필요는 없다. 한두 개만 있어도 가격에 영향을 미친다. 예를 들어 GTX나 지하철역 신설과 같은 교통 호재만으로도 집값이 상승한다. 그런데 호재들이 복합적으로 발생할 때도 있다. 예를 들어 재개발이 되면 학교가 지어지고 도로가 개선되면서 교육과 교통이 함께 좋아지는 것이다. 그러면 해당 지역 주택의 가격이 상승하기 마련이다. 이를 파악하기 위해서는 부동산에 관심을 가지고 각 지역의 개발 계획에 대해서 알아두어야 한다.

재건축과 재개발에 관심을 기울이자

••

아파트 청약이 어렵다면 재건축·재개발을 노려라

우리나라는 보통 아파트를 짓기 전에 분양 신청을 먼저 한다. 그리고
약 3년 후 아파트가 다 지어지면 입주를 시작한다. 그래서 아파트 분
양 가격과 입주 시점의 아파트 가격에 차이가 발생한다. 예를 들어
분양 가격이 8억 원이었는데 3년 후 입주 시점에 인플레이션이 반영
돼 10억 원으로 가격이 뛰었다고 해보자. 이때 발생한 2억 원의 차익
을 '입주 프리미엄'이라고 부른다.

최근에는 분양가 상한제로 인해 주변 시세보다 낮은 가격에 분양하
는 아파트들이 많아졌다. 예를 들어 주변의 기존 아파트 가격이 8억

원인데 새로 지어질 아파트의 분양가가 그보다 싼 6억 원인 식이다. 3년 후 입주 시점에 인플레이션이 발생해 주변의 기존 아파트 가격이 10억 원이 됐고, 신축 아파트 가격은 12억 원으로 뛰었다고 가정하면 3년간 6억 원의 차익을 얻은 것이다. 이른바 '로또 분양'의 탄생이다.

당첨되면 쾌적한 새 아파트에 거주할 수 있을 뿐만 아니라 상당한 시세차익을 얻을 수 있으니 그야말로 일거양득이다. 하지만 이는 당첨이 됐을 때나 가능한 이야기다. 문제는 청약가점제로 사회 초년생들이 신규 아파트에 당첨되기 어렵다는 것이다.

만약 아파트 당첨이 하늘의 별 따기처럼 어렵다면 이대로 신규 아파트 매입을 포기해야 할까? 그렇지 않다. 청약을 하지 않더라도 신규 아파트를 확실히 분양받을 수 있는 또 다른 방법들이 있기 때문이다. 그 방법이 바로 재건축과 재개발이다.

재개발의 프로세스

재건축은 기존의 노후 주택을 허물고 새로운 주택을 짓는 것이고, 재개발은 노후 지역을 철거하고 새 주택을 짓는 것이다.

재건축은 노후 주택의 소유주들이 재건축추진위원회를 만들어 이 건물에서 사람들이 더 살 수 있는지, 아니면 노후도가 너무 심해 사람이 더 살기엔 위험하니 철거해야 하는지를 진단한다. 안전진단이 통과되면 비로소 조합이 설립된다.

한편 재개발은 지자체에서 노후 지역을 정비구역으로 지정하면서 시작된다. 정비구역 지정 이후, 구역 내 주민 75% 이상의 동의를 받아야 조합설립이 이루어진다. 조합설립이 되지 않으면 재개발 역시 이루어질 수 없다.

얼핏 보면 재개발을 한다는 데 동의하지 않는 소유주가 있을까 싶겠지만 생각과 다르다. 젊은 사람이라면 모를까 70이 넘은 할아버지·할머니가 몇 년 걸릴지 모르는 재개발에 선뜻 동의하기란 어려울 수 있다. 그리고 주민들이 재개발을 먼저 원하는 것도 아니기에 어느 날 갑자기 지자체에서 정비구역으로 지정해 재개발을 한다는 말이 당황스러울 수도 있다. 이 점이 주민들이 추진하는 재건축과의 가장 큰 차이점이다. 결국 동의율을 채우지 못하면 사업이 무산되거나 지연된다.

따라서 조합설립 이전까지의 과정에서 재건축은 안전진단 통과가, 재개발은 동의율 75% 이상 달성이 관건이다. 우여곡절 끝에 조합이 설립되면 사업이 진행될 가능성이 매우 커지므로 개발 지역의 집값 역시 크게 오른다.

조합설립인가 이후의 단계는 동일하다. '사업시행인가 → 관리처분인가 → 철거 및 이주 → 착공 → 입주'의 과정을 거치는데 통상 각 단계를 통과할 때마다 가격이 상승한다. 조합설립에서 입주까지 10~20년의 시간이 걸린다. 그러나 입주 시점까지 기다릴 필요는 없다. 그사이에 프리미엄을 붙여 매각할 수 있기 때문이다. 재건축은 안

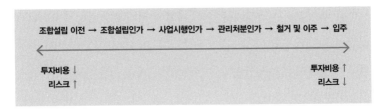

조합설립 이전 → 조합설립인가 → 사업시행인가 → 관리처분인가 → 철거 및 이주 → 입주

투자비용 ↓
리스크 ↑

투자비용 ↑
리스크 ↓

전진단 통과 시점 전후에 가격이 오르므로 그때 매각할 수 있으며, 재개발은 조합설립 이후 사업시행인가 이후나 관리처분인가 이전에 프리미엄을 붙여 매각할 수 있다.

언제 투자해야 할까?

재건축의 경우 안전진단 전에 투자하면 주택을 비교적 싸게 살 수 있다. 안전진단이 통과되어 조합이 설립되면 가격이 크게 오른다. 그러나 안전진단을 통과하지 못하면 언제 재건축이 될지 솔직히 알 수 없다.

재개발에서는 정비구역 지정 이전이 가장 싸게 살 수 있는 시기다. 그러나 이때는 정비구역 지정이 안 될 수도 있어 사업 진행 자체가 불확실하다. 싸게 살 수 있지만 그만큼 리스크도 큰 것이다. 정비구역으로 지정되었더라도 75%의 동의를 얻어 조합을 설립해야 하는 험난한 과정이 남아 있다.

따라서 이때는 가격이 오를 수 있는 입지나 호재를 가진 지역에 투자해야 한다. 그러면 당장 재건축·재개발이 되지 않더라도 주변 환경이 개선되면서 가격이 오른다. 노후 지역은 어떤 형식으로든 향후 개발이 될 수밖에 없기 때문이다. 그리고 생각보다 빨리 재건축이나 재개발이 진행돼 가격이 상승하면 더 좋은 일이다.

조합이 설립되면 사업 진행에 속도가 붙으면서 가격이 오른다. 따라서 조합설립 이후 투자하면 리스크를 줄일 수 있지만, 그만큼 투자 비용이 늘어난다.

조합설립인가 이후 건축 심의를 통과하면 사업시행인가를 받는다. 주무관청으로부터 행정적인 인허가를 받은 단계로, 개발의 8부 능선을 넘었다고 볼 수 있다. 이후 조합원들이 가지고 있는 물건의 감정 평가를 받아 사업성을 고려해 조합원 권리 가격을 책정하고 조합원 분양가를 확정한다. 그리고 관리처분인가를 받아 입주를 시작한다.

재개발·재건축 물건 역시 주택 시장이 호황이면 가격이 오르고 주택 시장이 침체되면 가격이 하락한다. 주택 가격이 계속해서 오를 수는 없다. 경기가 순환하므로 상승기가 있으면 하락기도 찾아온다. 앞서 말했듯이 2023년(빠르면 2022년)부터 주택 가격 하락을 예상한다. 조급해하지 않고 기다리면 재건축·재개발 예상 지역의 물건들이 싼 가격에 나올 것이다. 과도한 프리미엄을 주고 재건축·재개발 물건을 매입하기보다는 시장 흐름을 파악하면서 그간 눈여겨봤던 지역의 물건을 싸게 사는 지혜가 필요하다.

재건축·재개발의 장점

재건축·재개발에 투자해 입주권을 받으면 경쟁 없이 새 아파트를 구입할 수 있다. 게다가 같은 아파트 단지 내에서도 위치나 층수에 따라 사람들의 선호도가 갈리는데, 좋은 위치에 자리 잡은 로열층의 주택들은 대부분 조합원들의 차지다. 조합원 물량을 먼저 배정하고 남은 물량이 일반 분양으로 풀리기 때문이다.

그리고 기존의 주택을 매입하면 그 집의 가격이 얼마나 오를지 알기가 어렵지만, 재건축·재개발 물건은 얼마나 오를지 어느 정도 예상할 수 있다. 예를 들어 재건축되는 아파트 단지 근처에 대단지 아파트가 있다고 해보자. 그 아파트의 가격이 10억 원이라고 한다면, 새로 지어질 아파트는 아무리 못해도 10억 원 이상일 것이다. 재건축 물건에 투자한 금액이 7억 원이었다면, 아파트가 완공되면 최소 3억원 이상의 투자 수익을 얻을 수 있는 셈이다. 이처럼 투자 수익이 어느 정도 예상 가능하다는 점은 리스크에 민감한 투자자들에게 큰 장점이다.

당장 새 아파트를 구입할 수 있는 사회 초년생은 많지 않다. 그러나 강력한 무기가 있으니 바로 '시간'이다. 재건축·재개발 투자를 통해 분양가보다 '더 낮은 가격'으로 진입해 어느 정도의 시간을 버티면 새 아파트에 입주할 권리를 얻을 수 있다. 높은 투자 수익은 덤이다.

우리나라의 노후 주택은 점점 늘어나고 있다. 수도권만 해도 15년 이상 된 아파트의 비율이 60%가 넘는다. 서울 시내에서 30년 이상

된 주택의 비율 역시 20%에 달한다. 앞으로 재건축이나 재개발이 활발해지리라는 걸 알 수 있다.

'일찍 일어나는 새가 벌레를 잡는다'는 속담이 있다. 재건축·재개발 투자에 이보다 더 적합한 표현은 없다. 일찍이 관심을 가지면 주거와 투자를 한 방에 해결할 좋은 기회를 맞이할 것이다.

주식으로 인플레이션에
올라타는 방법

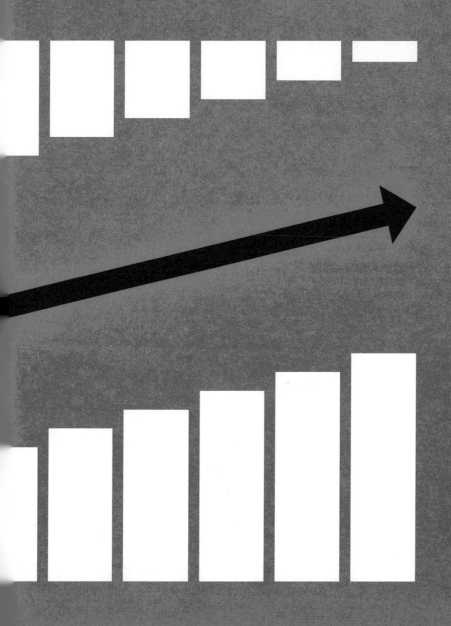

◆◆◆

자본주의가 존재하는 한 주식 시장은
우상향할 수밖에 없다.
경제 전반에 관심을 갖고 성장성 있는
산업을 파악해 수익을 안겨줄 기업을 찾아내자.

안전한 주식 투자를 위한 기본 지식

주식 공부에도 순서가 있다

〈사례 14〉

김 과장은 직장 동료가 추천한 종목에 돈을 넣었다가 손해를 보고 팔았다. 이 경험을 통해 누군가의 말을 믿고 투자하는 것이 어리석다는 것을 깨달았다. 그래서 스스로 공부해서 주식 투자를 하기로 마음먹었다. 그런데 막상 공부를 하려고 하니 무엇부터 공부해야 할지 막막하기만 하다.

주식은 사회 초년생들에게 가장 인기 있는 투자처다. 어느 정도의 목돈이 필요한 부동산과 달리, 소액의 자금으로도 투자를 할 수 있기 때문이다. 그런데 한편으로는 가장 경계하는 투자 자산이기도 하다. 주변에는 주식으로 돈을 번 사람도 있지만 손해를 본 사람들도 많다. 어른들이 '주식 하지 마라'는 말을 괜히 하지는 않았을 것이다.

주식은 위험자산이다. 늘 손실의 위험이 존재한다. 그래서 주식 투자를 잘하기 위해 공부를 해야 한다고 한다. 그런데 대체 어떤 공부를 해야 할까? 기업? 재무제표? 차트 분석? 경제학? 심리학? 공부할 것이 너무나도 많고 광범위하다.

모든 것을 공부하기는 불가능에 가깝다. 그래서 우선순위를 정해야 한다. 나는 다음과 같은 순서로 공부하기를 권한다.

시장 → 산업 → 기업

주변에 주식 투자를 막 시작한 사람들을 보면 시장과 산업에 대한 분석 없이 기업만 집중해서 공부하는 사람들이 많다. 이 기업의 현재 상황이 어떤지, 재무제표가 괜찮은지, 어떤 호재가 있는지 살펴본다. 물론 그런 정보가 필요 없는 것은 아니다. 그러나 시장과 산업에 대한 분석 없이 기업만 들여다보는 것은 성공 확률이 너무 낮다.

열심히 기업 분석을 해서 저평가된 좋은 기업을 찾아냈다고 해보자. 그런데 금융위기나 IMF 같은 큰 위기가 닥친다면 주가가 오를 수 있을까? 아무리 좋은 기업을 찾아내도 시장이 안 좋으면 수익을 내기가 어렵다. 그러므로 가장 먼저 시장에 대한 공부를 해야 한다.

주가를 움직이는 유동성과 정책

시장에 대해서 무엇을 알아야 할까? 가장 먼저 '유동성', 즉 돈이 풀리고 있는지 회수되고 있는지를 파악해야 한다. 돈이 많이 풀리면 자금이 주식 시장으로 흘러들어 주가가 상승한다. 대표적인 사례가 금융위기와 코로나 위기다. 2008년 금융위기 이후 전 세계적인 돈 풀기(유동성 공급)로 주식 시장에 천문학적인 돈이 유입되면서 주가가 크게 상승했고, 2020년 코로나 위기 때는 금융위기를 뛰어넘는 어마어마한 돈이 풀려 주가가 급등했다.

돈을 푸는 주요 주체는 각국의 정부와 중앙은행이다. 정부는 재정정책으로 유동성을 공급한다. 코로나 위기를 극복하고자 정부가 재난지원금을 지급하고 기업들에 긴급 자금 대출을 해준 것이 재정정책의 사례다. 중앙은행은 통화정책으로 유동성을 공급하는데 기준금리 인하, 재할인율과 지급준비율 인하, 양적완화 등이 이에 해당한다.

따라서 돈이 풀리고 있는지 회수되고 있는지를 알기 위해서는 각국 정부와 중앙은행의 움직임을 파악해야 한다. 특히 전 세계에서 가장 많이 사용하는 통화가 달러이고 세계 경제에 가장 큰 영향력을 행사하는 국가가 미국이기 때문에 미국 중앙은행인 연준Fed의 통화정책과 미국 정부의 재정정책 방향을 주의 깊게 체크해야 한다.

거대한 유동성의 이동

유동성뿐만 아니라 자본이 어떻게 이동하는지도 알아야 한다. 금융 경제에서 자본은 다음과 같이 이동한다.

◇ 금리가 낮은 곳에서 높은 곳으로:

A 은행에서 연 1% 예금에 가입했는데 B 은행의 예금금리가 3%라면 A 은행의 예금을 해지하고 B 은행의 예금으로 갈아 타는 것이 이익이다. 이처럼 돈은 금리가 낮은 곳에서 높은 곳 으로 이동한다.

◇ 성장성이 낮은 곳에서 높은 곳으로:

돈은 경제 성장률이 낮은 나라에서 높은 나라로, 산업 성장성 이 낮은 기업에서 높은 기업으로 이동한다.

◇ 통화가치 하락이 예상되는 곳에서 상승이 예상되는 곳으로:

내가 가지고 있는 화폐(통화)의 가치가 하락하길 바라는 사람 은 없을 것이다. 사람들은 수요가 많아 가격이 상승할 것 같은 통화를 선호한다.

2020년은 코로나 이후 엄청난 유동성이 공급되면서 전 세계적으로 주가가 상승했다. 그런데 다른 나라에 비해 우리나라의 주가가 유독 더 많이 상승했다. 왜 그랬을까? 당시 우리나라의 기준금리는 역대 최저인 0.5%였다. 그런데 유럽과 미국은 0%, 일본은 마이너스 금리였다. 우리나라에서는 역대 최저 금리지만 세계적으로는 우리나라가 고금리였다.

그리고 2020년 우리나라의 경제 성장률은 -1%였다. IMF 이후 우리나라가 처음으로 마이너스 경제 성장률을 기록했다. 그러나 다른 선진국들의 경제 성장률은 우리보다 더 낮았다. -5%에서 -10%를 기록한 나라가 많았다. 비록 마이너스 경제 성장률이지만 다른 나라들에 비해 성장성이 높았던 것이다.

그러다 보니 우리나라에 자본이 들어와 원화를 사들이면서 원화가치 상승도 기대가 됐다. 이런 이유로 글로벌 자본이 우리 주식 시장에 들어와 우리나라 주가가 상대적으로 더 오를 수 있었다.

2021년엔 미국의 시장 금리가 상승하면서 우리나라와의 금리 차이가 줄었다. 그리고 우리나라보다 미국의 경제 성장률이 높을 것으로 예상된다. 따라서 미국의 주가가 더 오를 것으로 예상할 수 있으며, 우리나라는 박스권 증시가 지속될 가능성이 크다.

금리와 주가의 관계

보통 금리가 오르면 풀렸던 돈이 회수되면서 주가에 악영향을 준다고 알려져 있다. 틀린 말은 아니다. 금리가 오르면 통화량이 줄어들면서 내수경기 침체가 예상돼 주가가 하락할 수 있다.

그러나 반드시 그렇지는 않다. 경제가 회복해서 금리가 오를 수도 있기 때문이다. 경기가 어려우면 금리를 내려 유동성을 공급해 경기를 상승시키고자 한다. 그런데 돈을 풀면 인플레이션이 발생하니 계속 풀 수는 없다. 경기가 상승하면 돈 풀기를 멈춰야 한다. 그래서 경기가 상승했다는 판단이 서면 금리를 올려서 통화량을 조절한다. 금리 인상이 경제가 회복했다는 자신감의 근거가 되는 것이다.

미국은 2008년 금융위기 이후 경제를 살리기 위해 금리를 0%대(0~0.25%)로 내렸다. 이후 경기가 좋아졌다고 판단한 미국은 2015년 12월부터 지속적으로 기준금리를 올렸다. 0.25%였던 금리는 2018년 12월 2.5%에 달했다. 3년 동안 무려 2.25% 오른 것이다.

〈그림 5-1〉은 2016~2018년 S&P500 지수다. 금리가 상승하던 기간이었음에도 지수가 꾸준히 상승했음을 알 수 있다. 2018년 말 약간의 가격 조정이 있었지만, 곧 다시 상승했다. 당시 미국의 금리는 우리나라나 유럽, 일본보다 높았다. 그리고 성장성 높은 기업들이 미국에 포진돼 있었다. 금리가 높고 성장성이 높았기 때문에 미국으로

〈그림 5-1〉 S&P500 지수의 움직임(2016~2018)

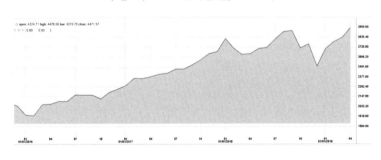

출처: 인베스팅닷컴

자금이 들어와 주가가 상승한 것이다.

이처럼 금리 인상은 주가 하락이 아닌 주가 상승의 원인이 될 수 있다. 자본은 금리가 낮은 곳에서 높은 곳으로 이동하므로, 다른 나라들에 비해 금리가 높으면 글로벌 자금이 들어와 주가를 상승시킬 수 있다. 그러므로 시장을 파악하기 위해서 글로벌 주요 국가들의 경제 상황과 금리, 성장성 등을 지속적으로 체크해야 한다.

시가총액 상위 종목의 특징

••

산업의 변동에 따른 시가총액 기업 순위의 변동

〈표 5-1〉은 2010년과 2021년 우리나라 시가총액 상위 10개 기업을 보여준다. 삼성전자나 LG전자, 현대차처럼 2021년 현재까지 남아 있는 기업들도 있지만 대다수 기업이 바뀌었다.

10년 동안 시가총액 10위권 기업들의 이름이 많이 바뀌었다. 포스코, 현대중공업, 신한지주, KB금융, 삼성생명이 사라지고 그 자리를 네이버, 카카오, 삼성바이오로직스, 삼성SDI, 셀트리온 같은 기업들이 메꿨다.

순위	기업	순위	기업
1	삼성전자	1	삼성전자
2	포스코	2	SK하이닉스
3	현대차	3	네이버
4	현대중공업	4	삼성바이오로직스
5	현대모비스	5	LG화학
6	LG화학	6	카카오
7	신한지주	7	삼성SDI
8	KB금융	8	현대차
9	삼성생명	9	셀트리온
10	기아차	10	기아

10년 동안 이 기업들의 주가는 〈그림 5-2〉에서 볼 수 있는 것처럼 크게 상승했다. 이 기업들의 공통점이 무엇일까? 모두 성장성이 높은 산업에서 두드러진 실적을 올리고 있다는 것이다. 10년 동안 반도체 산업(삼성전자, SK하이닉스), 빅테크 플랫폼 산업(네이버, 카카오), 자동차, 바이오, 2차전지 등의 산업이 가파른 성장세를 보였다.

자본은 성장성이 낮은 곳에서 높은 곳으로 이동한다. 똑같은 자본을 투입했을 때, 향후 더 많은 수익을 가져다줄 수 있기 때문이다. 연 3% 성장이 예상되는 산업에 종사하는 기업보다는 연 20% 성장이 예

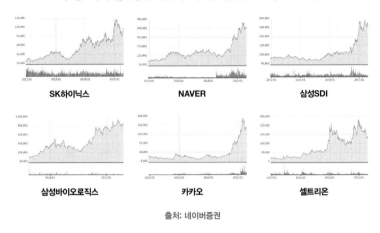

〈그림 5-2〉 시가총액 상위 10위에 새로이 오른 기업의 주가 추이(2012~2021)

출처: 네이버증권

상되는 산업에 종사하는 기업으로 돈이 이동하는 것은 자연스러운 현상이다.

테슬라로 알 수 있는 산업 분석의 중요성

테슬라는 전 세계 자동차 회사 중에서 시가총액이 가장 크다(2021년 기준). 테슬라의 시가총액은 2020년 당시 1위였던 토요타를 추월하더니 어느새 토요타, 폭스바겐, BMW, 포드를 합한 것보다 커졌다.

그렇다면 테슬라는 토요타보다 자동차를 많이 팔고 있을까? 테슬라는 토요타가 240만 대를 생산하는 동안 약 10만 대 정도를 생산한다. 즉 토요타의 약 4%밖에 되지 않는다(2020년 1분기 기준). 생산량뿐만 아니라 매출액, 영업이익, 당기순이익 등 손익계산서상 모든 지표에서 토요타가 압도적으로 우세하다. 재무제표만 봤을 때는 테슬라보다 토요타가 더 좋은 기업일 수 있다. 테슬라의 시가총액이 높은 이유는 현재 돈을 많이 벌어서가 아니라, 성장성 있는 산업에서 가장 앞서나간다고 평가받기 때문이다.

지구온난화로 기후변화가 심해져 인류의 생존을 위협하는 지경에 이르렀고, 이를 막기 위해서 이산화탄소 배출을 줄여야 한다는 공감대가 형성돼 있다. 그런 이유로 자동차 산업도 내연기관에서 전기차로 이동하고 있다. 기존의 휴대전화가 스마트폰으로 바뀌었듯이 앞으로는 전 세계의 자동차가 전기자동차로 바뀔 수 있다. 시장의 크기와 성장성이 엄청난 것이다.

전기차 이후의 자동차는 자율주행차다. 자율주행은 기술의 고도화에 따라 다섯 단계로 나뉘는데, 마지막 단계인 5단계가 운전자의 개입이 전혀 필요 없는 완전 자율주행 단계다. 테슬라는 2~3단계 정도의 자율주행을 상용화한 상태다. 그러나 아직 5단계를 상용화한 기업이 없다는 점에서 테슬라의 자율주행 기술이 뒤떨어진다고 보기는 어렵다. 테슬라는 자율주행 부분에서도 의미 있는 진전을 이루고 있다고 평가받는다.

테슬라는 다른 자동차 회사들에 비해 매출이나 이익이 많은 회사는 아니다. 그러나 테슬라의 장점은 성장성이 매우 높은 전기자동차와 자율주행차 산업에 일찍이 진출했다는 점이다. 그래서 높은 성장성에 점수를 준 투자자들이 몰리면서 주가가 급등할 수 있었다. 만약

<표 5-2> 미국자동차공학회(SAE)의 자율주행 단계

단계	내용	관련 주요 첨단 사양 및 시스템
0단계(자동화 없음)	운전자가 차량을 완전히 제어해야만 하는 단계	–
1단계(운전자 보조)	조향, 가감속 등을 자동화해 운전자가 도움 받는 수준	적응식 정속 주행 장치 (ACC)
2단계(부분 자율주행)	고속도로 주행 시 차량·차선 인식, 앞차와 간격 유지 가능, 운전자가 주변 상황 주시	스마트 크루즈 컨트롤 (ASCC), 주행 조향 보조 시스템(LKAS) 등을 결합한 형태
3단계(조건적 자율주행)	일정 구간 자율주행 가능, 운전자가 주변 상황 주시해 돌발상황 대비	첨단 운전자 보조 시스템 (ADAS)
4단계(고도화된 자율주행)	특정 도로 조건에서 모든 안전 제어 가능	라이다(Lidar) 시스템
5단계(완전 자율주행)	운전자 개입 없이 목적지까지 주차 등 모든 기능이 완전 자동화된 단계. 운전자 없어도 됨	커넥티드 시스템

산업에 대한 분석 없이 기업 재무제표만 보고 투자 결정을 한다면 테슬라 말고 다른 회사의 주식을 사야 할 것이다. 테슬라의 사례는 주식 투자에서 산업에 대한 공부와 분석이 얼마나 중요한지 알려준다.

주가 변동을 통해 본 삼성전자 vs. LG전자

〈그림 5-3〉은 삼성전자와 LG전자의 10년간 주가다. 삼성전자는 10년간 비교적 꾸준히 우상향했지만 LG전자는 10년 동안 주가가 침체돼 있다가 2020년부터 상승하기 시작했다. 그 이유가 무엇일까?

삼성전자

삼성전자는 반도체, 스마트폰뿐만 아니라, TV·냉장고 같은 가전제품까지 다양한 제품을 만드는 기업이다. 이 기업의 주가는 10년 동안 세 번의 급등기가 있었다.

첫 번째는 2011년 스마트폰 산업이 폭발적으로 성장하던 시기다. 삼성전자는 애플과 함께 글로벌 스마트폰 시장을 점령해나가면서 폭발적인 성장을 했다.

두 번째는 2016~2017년인데 메모리반도체 산업의 성장성이 두드

〈그림 5-3〉 삼성전자와 LG전자의 10년간 주가 추이(2012~2021)

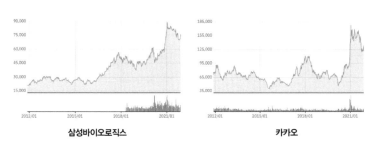

삼성바이오로직스　　　　　　　카카오

출처: 네이버증권

러지던 시기다. 대표적인 메모리반도체는 D램과 낸드플래시인데 삼성전자는 메모리반도체 부분 글로벌 1위 기업이다. 스마트폰 산업은 전성기에 비해 성장성이 낮아졌지만 메모리반도체 산업의 호황으로 또 한 번의 주가 상승을 이루어냈다.

세 번째는 2020년이다. 코로나 이후 풍부해진 유동성이 주식 시장으로 들어온 데다, 비메모리반도체의 성장으로 삼성전자의 주가가 또다시 크게 올랐다. 비메모리반도체는 크게 설계(팹리스)와 제조(파운드리)로 이루어져 있는데, 삼성전자는 파운드리 부분의 세계 2위 기업이다.

이와 같이 삼성전자는 지속적으로 성장하는 산업에 올라타 왔고, 주가 역시 궤를 같이하며 인플레이션이 발생했다.

LG전자

LG전자는 TV, 냉장고, 세탁기, 건조기, 청소기, 스타일러 등의 생활가전이 주력이다. 그리고 한때 스마트폰도 만들었다. 스마트폰에서는 재미를 못 봐 수년간 적자에 시달렸다. 가전에서 번 돈을 스마트폰으로 까먹는 기업이었다. 그렇다면 LG전자의 주가가 정체됐던 이유가 스마트폰 때문이었을까?

스마트폰 사업의 적자가 주가 상승에 썩 도움이 된 것은 아니지만 LG전자 주가 하락의 이유는 스마트폰보다는 가전 때문이다. 돈 잘 벌고 있는 가전이 왜 주가 정체의 원인일까? 그 이유는 가전의 산업 성장성이 높지 않기 때문이다. 물론 TV, 냉장고와 같은 가전도 산업이 성장하긴 하지만 스마트폰이나 반도체 등에 비해서는 성장성이 떨어진다. LG전자가 수년간 적자를 보면서도 스마트폰 사업을 놓지 못했던 이유 역시 성장성이 높은 산업이라고 생각했기 때문일 것이다.

결국 LG전자는 구조조정을 통해 스마트폰 사업을 정리했다. 그리고 자동차 부품 사업에 뛰어들면서 주가가 크게 올랐다. 수년간 적자를 안긴 스마트폰 사업 철수로 재무제표 개선 효과가 기대돼 주가가 올랐을까? 그보다는 자동차 부품 사업에 대한 기대감에 주가가 올랐다고 보는 것이 적합하다. LG전자는 스마트폰 사업 철수로 자동차 부품 사업에 집중할 수 있었다.

앞서 말했듯이 전기자동차 산업의 성장성은 매우 높다. 애플의 자율주행차인 애플카의 부품을 LG전자와 협력할 수 있다는 소문도 돈다. LG전자의 가장 큰 숙제는 성장성 높은 산업에 올라타는 것이었다. LG전자는 자동차 산업 진출로 그동안 해결하지 못했던 숙제를 풀려 하고 있다.

산업 분석을 훈련하자

지금까지 살펴본 것처럼 산업의 성장성은 향후 주가에 많은 영향을 준다. 그러므로 기업을 분석하기에 앞서 시장과 산업을 분석하자. 많은 초보 투자자가 시장과 산업에 대한 고려 없이 저평가된 주식을 찾으려고 한다. 이는 망망대해에서 진주를 찾으려는 것과 같다. 운 좋게 저평가된 주식을 찾을 수 있을지는 몰라도 그런 행운이 계속되리라는 보장이 없다.

그러나 시장과 산업에 대한 확신이 생기면 기업을 찾기는 더욱 수월해진다. 예를 들어 미국의 메타버스 산업이 유망하다고 판단했다면 미국의 메타버스 기업들을 찾으면 된다. 이렇게 하면 몇 개 기업으로 추려지므로, 무작정 좋은 기업을 찾으려고 하는 것보다 수월하게 좋은 기업을 찾아낼 수 있다. 그러므로 다양한 정보를 수집해 앞으로 성장할 수 있는 산업이 무엇인지를 알아보자.

산업에 대한 정보를 어떻게 얻을 수 있을까? 예전에는 분명히 일반인이 접근하기 어려운 정보가 존재했다. 일부 전문가가 가치 있는 정보를 가지고 있었고, 그로 인해 정보의 비대칭성이 발생했다. 그러나 최근에는 인터넷과 플랫폼 비즈니스의 발달로 정보의 비대칭성이 크게 줄어들었다. 누구나 마음먹으면 정보를 얻는 것은 어렵지 않다.

나는 애널리스트 리포트를 많이 살펴보라고 권하고 싶다. 요즘에는 포털 사이트에서 누구나 애널리스트 리포트를 쉽게 구할 수 있다. 애널리스트 리포트의 장점은 객관적인 자료들을 구할 수 있으며 그에 대한 전문가의 의견을 접할 수 있다는 것이다. 이를 열심히 보다 보면 정보를 해석하는 안목이 길러진다.

스스로 아마추어 애널리스트가 되어 다양한 분야에 관심을 가지고 정보를 수집, 분석해보자. 그리고 앞으로 산업이 어떤 방향으로 바뀔지를 알아보자. 이를 습관화해 산업에 대한 통찰력을 키운다면 유망한 산업에서 전력질주하는 괜찮은 기업들을 찾을 수 있을 것이다.

개별 종목 투자가 어려운 이유

···

주식을 살 때 거치는 의사결정 과정

애플 주식을 샀다고 가정해보자. 단지 주식 종목 하나를 샀을 뿐이지만 다음과 같은 여러 의사결정 단계를 거친 결과물이다.

① 왜 주식 투자를 선택했는가?
② 왜 미국 시장에 투자하는가?
③ 왜 기술 기반 산업(기술주)인가?
④ 왜 기술 기반 기업들 중 애플인가?

주식 투자를 할 때 각각의 질문에 대한 충분한 이유와 근거가 있었는가? ①번 질문은 기회비용에 관한 것이다. 주식 투자를 할 돈으로 부동산 투자를 할 수도 있고, 금이나 석유 및 원자재에 투자해도 되며, 원금이 보장되는 은행 예금에 저축할 수도 있다. 아니면 사업 자금에 보태거나 그냥 소비를 해도 된다. 이런 것들을 포기하고 위험을 감수하면서까지 주식 투자를 하는 이유가 있어야 한다.

①번 과정을 통과해 주식을 사기로 마음먹었다면 ②~④번은 시장과 산업, 기업 분석에 대한 것이다. 이런 과정을 모두 성공적으로 거친다면 확실히 성과를 낼 수 있을 것이다.

그러나 주식 투자의 어려운 점은 이 중 한 가지만 잘못해도 손실이 발생할 수 있다는 것이다. 예를 들어 시장 분석을 해서 한국 시장에 돈이 들어올 것으로 예상했는데, 그 반대 상황이 발생하면 손실이 발생한다. 시장 분석을 잘했다고 하더라도 산업 분석이나 기업 분석에 실패하면 손실이 발생할 수 있다. 시장 분석을 아무리 잘했어도 시장에는 언제든지 예기치 못한 상황이 벌어질 수 있다. 언제든지 '검은 백조Black Swan'°가 찾아올 수 있다. 2020년에 찾아온 코로나가 대표적이다. 당시 코로나바이러스가 팬데믹으로 이어져 세계 경제에 심각한 타격을 줄 것으로 예상한 사람은 거의 없었다.

산업 분석을 열심히 해서 유망한 산업을 발굴해도 내가 예상하지

○ 사람들은 백조가 희다고만 생각했다. 그러나 어느 날 생각도 못 했던 검은 백조가 발견됐다. 검은 백조란 예상치 못했던 사건이나 상황을 뜻한다.

못한 방향으로 산업이 흘러갈 수 있다. 신기술이 개발되거나 대형 악재가 터지면 유망했던 산업이 순식간에 사양산업이 될 수 있다.

시장과 산업 분석은 불확실한 미래를 예측하는 작업이다. 그러나 신이 아닌 한 100% 정확한 예측이란 존재하지 않는다. 투자자가 할 수 있는 것은 그저 분석을 철저히 해서 실패 확률을 낮추는 것이다.

기업과 산업 분석에도 한계가 있다

기업 분석도 한계가 있기는 마찬가지다. 기업 분석의 가장 어려운 점은 정보의 비대칭성이다. 기업에 대한 정보를 어떻게 알 수 있을까? 대다수가 재무제표를 분석하거나 홈페이지 또는 관련 뉴스를 보면서 정보를 획득한다. 그런데 이를 통해 얻을 수 있는 정보는 제한적이다. 기업의 구체적인 현재 상황이나 CEO가 어떤 생각을 가지고 있고, 어떻게 사업을 이끌어갈 것인지와 같은 정보는 내부자나 임원이 아닌 한 자세히 알 수가 없다. 그래서 자세한 정보를 얻기 위해서는 기업을 방문해서 현장을 직접 보고 CEO 및 임원과 인터뷰를 해야 하지만, 일반인이 그렇게 하기는 어렵다. 현실적으로 투자자가 할 수 있는 것은 자신의 능력 내에서 최대한 많은 정보를 수집해 실패 확률을 줄이는 것이다.

이와 같이 시장 분석이든 산업이나 기업 분석이든 한계가 존재할 수밖에 없으며, 투자 성공을 위해서는 결국 어느 정도 운이 따라야 한다. 우리는 매스컴이나 여타 매체를 통해서 주식 투자에 성공해 부를 거머쥔 주식 고수들을 만난다. 대개 자신의 실력으로 주식 투자에 성공한 것처럼 이야기하지만, 그들이야말로 마음속 깊은 곳에서는 어느 정도 운이 따라줬음을 잘 알고 있다.

아무리 실력이 있어도 100% 성공은 불가능하다. 세계적 투자자인 워런 버핏이나 조지 소로스도 실패할 때가 있다. 다만 열 번의 게임에서 세 번 실패하더라도 일곱 번 성공하면 된다. 그러므로 종목을 살 때 손실 가능성이 있다는 점을 염두에 두어야 한다.

이처럼 개인 종목 투자에는 한계가 존재한다. 어지간한 실력을 갖추지 않고서는 성공하기가 쉽지 않다. 더욱이 경제활동 기간이 짧은 사회 초년생들 대다수가 주식 투자를 이제 막 시작하려 하거나 투자 기간이 짧은 '주린이'다. 당연히 종목 투자를 할 수 있을 만큼 충분한 실력을 갖추고 있을 리 만무하다. 그렇다면 이대로 주식 투자를 포기해야 할까? 그렇지 않다. 주식에 대해 잘 모르는 초보 투자자가 충분히 할 수 있는 투자 방법이 있다. 지금부터 그 방법을 알아보자.

시장에 투자하면 실패하지 않는다

투자 실패로 고민하는 주린이 사례

〈사례 15〉

주린이인 직장인 A는 주식을 공부한 지 얼마 되지 않아 어떤 종목을 사야 하는지 잘 모른다. 그래도 주가가 계속 상승하는 것을 보면서 그동안 모은 목돈으로 주식 투자를 시작했다. 당장 사용할 돈이 아니기 때문에 우량주를 사서 오랫동안 묻어둘 작정이다. 그런데 그가 산 주식 가격이 계속 하락하고 있어서 마음 고생이 심하다. 기업에 대한 충분한 공부 없이 구입한 것이 후회되고 주가가 더 떨어질까 봐 두렵다.

그는 어떤 선택을 해야 할까?

① 가지고 있는 주식을 팔고 가격이 상승 중인 다른 회사의 주식을 산다.

② 주가는 언젠가는 올라가므로 오를 때까지 기다린다.

③ 손실 보고 주식을 판다. 그리고 공부를 해서 나중에 다시 진입한다.

④ 가지고 있는 주식을 팔고 ETF를 매입해 시장에 투자한다.

A는 이제 막 주식 투자를 시작한 '주린이'다. 종목 투자를 할 만큼의 실력을 갖추지 못했으면서도 섣불리 투자해 손실을 보고 있다. 이와 같은 상황은 주식 초보자들에게 언제든지 벌어질 수 있다.

당신이 이 사례의 주인공이라면 어떤 선택을 할 것인가? 그리고 이 문제의 정답은 무엇일까?

우량주 장기 보유만이 해법은 아니다

2000년 우리나라 종합주가지수(코스피 지수)는 600포인트 정도였다. 20년이 지난 현재는 3000포인트를 오르내리고 있으니 5배 이상 상승한 것이다. 이렇게 주식 시장에 인플레이션이 발생했음에도 주식 투자를 한 사람들 중에는 손실 본 사람들도 많다. 그 이유가 무엇일까?

역시 가장 큰 이유는 인플레이션에 대한 믿음이 부족하기 때문이다. 주식 시장은 부동산 시장에 비해 변동성이 심하면서 사고팔기가 쉽다. 그래서 주식 시장에 진입했다가 인플레이션이 충분히 발생하기 전에 팔고 나가는 사람이 많다.

특히 주식을 처음 접하는 사람들은 주가 하락에 대한 공포심을 견디지 못한다. 그래서 손실 보고 주식을 팔아 다른 종목을 산다. 아니면 주식을 팔고 나갔다가 주가가 많이 오른 후 다시 진입한다. 그러면 귀신같이 주가가 하락하고 겁에 질려 또다시 팔아치운다. 이런 행태가 반복되면서 손실이 누적된다. '믿음'이 없는 자의 최후다.

그렇다면 인내심을 가지고 주식이 오를 때까지 기다리거나 상승 중인 다른 회사의 주식을 사야 할까? 그렇지 않다. 장기간 보유한다고 해서 모든 주식의 가격이 오르지는 않기 때문이다. 가장 잘나간다는 우량주들도 예외는 아니다.

만약 인플레이션에 대한 믿음을 가지고 우량주를 매입해서 끈질기게 가지고 있으면 어떨까?

〈표 5-3〉은 앞서 봤듯이, 2010년 우리나라 시가총액 상위 10개 종목이다. 2010년 당시 우리나라에서 가장 인기 있던 우량주가 다 모여 있다. 이 중에서 2021년 9월 기준 현재까지 상위 10위 안에 남아 있는 종목은 삼성전자, 현대차, LG화학 셋뿐이다(기아차는 현대자동차의 그룹의 계열사이며, 2021년 상호를 '기아'로 변경했다). 다른 종목들은 모두 밖으로 밀려났다.

만약 당시 시가총액 2위였던 포스코를 사서 10년간 가지고 있었다면 어떻게 됐을까? 〈그림 5-4〉는 이 종목들의 10년간 주가 추이를 보여준다. 대다수 기업이 10년 전에 비해 주가가 하락했음을 알 수

〈표 5-3〉 2010년 우리나라 시가총액 상위 10개 종목

순위	종목
1	삼성전자
2	포스코
3	현대차
4	현대중공업
5	현대모비스
6	LG화학
7	신한지주
8	KB금융
9	삼성생명
10	기아차

있다.

이처럼 우량주를 오랫동안 가지고 있었지만, 인플레이션은커녕 불행하게도 손실이 발생하는 경우가 많다. 오랫동안 인플레이션이 발생할 것이라 굳게 믿었건만 돌아온 것은 손실뿐이다. '믿음의 배신'이다. 주식 투자에서만큼은 인플레이션에 대한 믿음을 철회해야 할까?

모든 주식이 장기적으로 오르는 건 아니지만, 인플레이션이 발생하는 주식들 역시 많이 존재한다. 실패하는 이유는 사례의 주인공처럼 충분한 공부 없이 투자했을 때 주로 벌어진다.

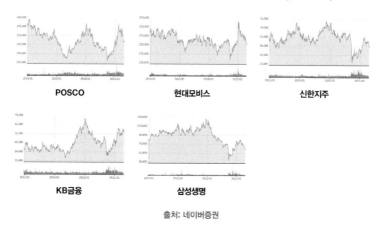

〈그림 5-4〉 2010년 시가총액 상위 10위 주요 기업의 10년간 주가 차트(2012~2021)

POSCO　　　　**현대모비스**　　　　**신한지주**

KB금융　　　　**삼성생명**

출처: 네이버증권

초보자라면 종목이 아니라 시장에 투자하자

주식 투자로 인플레이션을 발생시키려면 어떻게 해야 할까? 가장 좋은 방법은 공부를 열심히 해서 인플레이션이 예상되는 주식을 사는 것이다. 그러나 주식 시장에 처음 진입하는 초년생들에게는 쉽지 않은 일이다. 그렇다면 지금은 주식 투자를 포기하고 공부를 충분히 해서 나중에 진입해야 할까? 그렇지 않다. 주식을 잘 모르는 초보자라도 비교적 손쉽게 인플레이션에 올라탈 수 있는 주식 투자 방법이 있기 때문이다.

〈그림 5-5〉는 10년 동안의 코스피 지수와 다우 지수다. 단기적으로는 오르기도 내리기도 하지만 장기적으로 우상향했음을 알 수 있다.

'종목'은 장기적으로 가격이 하락하기도 하지만 '시장'은 결국 우상

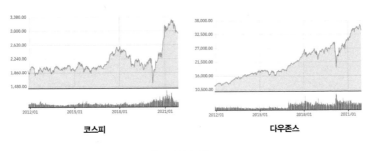

〈그림 5-5〉 10년간 코스피 지수와 다우 지수(2021년 12월 기준)

코스피

다우존스

출처: 네이버증권

향한다. 따라서 초보자라면 종목에 대한 믿음보다 시장에 대한 믿음을 가져야 한다. 주식을 잘 모르는데 주식 투자를 해보고 싶은가? 그렇다면 종목이 아닌 시장에 투자하자.

종목 투자로 성공하기 위해서는 시장뿐만 아니라 산업과 기업에 대한 분석과 통찰이 필요한데, 그러기 위해서는 오랜 시간 정보를 습득하고 공부해야 한다. 그러나 무협지의 주인공처럼 하루아침에 주식 고수가 될 수는 없다.

반면 시장 투자는 인플레이션에 대한 믿음만 있으면 시작할 수 있다. 따라서 종목 분석이 서툰 초보자들에게 적합하다. 단, 주가가 하락한다고 해서 실망하지 말고 꾸준히 투자해야 한다. 그러면 주식 시장은 인플레이션으로 보답할 것이다. 그러므로 〈사례 15〉의 정답은 '④ 가지고 있는 주식을 팔고 ETF를 매입해 시장에 투자한다'이다.

안전하고 유망한 시장은 정해져 있다

∙∙∙

지구상에 많은 나라가 있듯이 수많은 주식 시장이 존재한다. 그렇다고 아무 데나 투자할 수는 없다. 주요 주식 시장의 특징을 간단히 알아보자.

◇ 미국: 전 세계 GDP 1위 국가이며 기축통화인 달러 발권국이다. 주식 시장은 장기적으로 인플레이션이 발생해 우상향했다. 성장성 높은 기업들도 다수 포진해 있어 앞으로도 우상향이 기대된다. 전 세계적으로 부채가 많은 만큼 달러의 수요가 늘어날 것으로 예상되므로 앞으로도 장기적으로 인플레이션이 발생할 가능성이 크다.

◇ 한국: 한국 경제가 많이 성장하면서 주식 시장도 선진국 증시의 성격을 가지고 있다. 선진국과 같은 안정성을 가지고 있으면서도 꾸준한 연구개발로 성장성이 높은 산업에 진출한 기업들이 많아 아직 더 성장할 수 있는 시장이다. 단, 국제적인 통화를 사용하지 않기 때문에 기축통화를 사용하는 국가들에 비해서는 위기에 취약할 수 있다.

◇ 유럽: 선진국들이 대거 포진돼 안정성이 뛰어나다. 그러나 장기간 저성장이 지속된 시장이기도 하다. 유로화와 유로존이 시스템적인 문제들을 안고 있어서 앞으로도 장기간 저성장이 예상된다.

◇ 일본: '잃어버린 30년'이라는 말처럼 장기적으로 디플레이션이 발생하고 있다. 획기적인 변화가 없는 한, 앞으로도 드라마틱하게 인플레이션이 발생하기는 어려울 것으로 보인다. 일본 중앙은행이 양적완화로 일본 기업들의 주식을 매입해 주가를 떠받치고 있다는 것도 불안 요소다.

◇ 중국: G2라고 불릴 정도로 단기간에 급성장한 시장이다. 선진국들에 비해 높은 경제 성장률이 예상된다는 것도 강점이다. 그러나 중국 정부가 마음먹으면 잘나가는 기업도 주저앉힐 힘이 있다. 괜찮다고 판단되는 기업에 투자했음에도 중국 정부의 규제나 국유화 작업으로 큰 피해를 볼 수 있다. 정치적인 리스크가 투자의 큰 걸림돌이다.

◇ 기타 신흥국: 높은 성장률을 기록할 수 있지만 취약한 펀더멘

탈로 변동성이 심한 것이 단점이다. 글로벌 유동성 회수 시 먼저 돈이 빠져나가며, 경기 침체 시 회복에 상당한 시간이 걸릴 수 있다.

이 중에서 나는 미국 시장과 한국 시장을 추천한다. 특히 미국 시장이 긴 세월 동안 끊임없이 인플레이션을 발생시켜왔다. 앞으로도 큰 변수가 없는 한 장기적으로 인플레이션이 발생할 가능성이 크므로 '미국 → 한국' 순으로 우선순위를 설정하는 것이 좋다.

한국과 미국 주식 시장의 대표적인 지수

시장 투자의 기본적인 방법은 '지수'에 투자하는 것이다. 한국과 미국을 대표하는 주가지수를 알아보자.

◇ KOSPI200(코스피200)

코스피200 지수는 국내 주식 시장에 상장된 종목 중 시가총액(시장 가격×주식 수)이 큰 기업 200개를 추려서 지수로 만든 것이다. 각종 금융상품의 벤치마크 및 기초자산으로 활용되는 국내 주식 시장의 대표적인 지수다.

◇ KOSDAQ150(코스닥150)

코스닥 시장에 상장된 종목 중 시가총액과 거래량 등을 고려하여 선정한 150개의 종목을 지수로 만든 것이다. 종목별 특징이 강한 코스닥 시장을 대표하는 지수다.

◇ S&P500

세계적인 신용평가기관인 스탠더드앤푸어스(Standard and Poors)가 만든 주가지수다. 뉴욕증권거래소에 상장된 기업들 중 시가총액을 기준으로 500개 기업을 추려서 지수로 만들었다. 다우 지수와 함께 미국의 대표적인 주가지수다.

◇ NASDAQ100(나스닥100)

미국의 나스닥 시장에 상장된 종목들 중 시가총액과 거래량 등을 고려해 선정한 100개의 종목을 지수로 만든 것이다.

주식 투자는 길게 보는 사람이 이긴다

개별 종목이 아니라 시장에 투자하는 방법

시장에 투자하는 대표적인 방법은 펀드에 투자하는 것이다. 펀드의 종류에는 액티브펀드Active Fund, 인덱스펀드Index Fund, 상장지수펀드 ETF가 있다.

◇ 액티브펀드: 자산운용사의 펀드매니저가 종목 포트폴리오를 구성하고 종목을 사고팔아 수익을 내는 펀드다. 펀드매니저가 종목을 구성하고 매수, 매도하므로 펀드매니저의 역량에 따라 수익률이 좌우된다.

◇ 인덱스펀드: '지수'를 따라가는 펀드다. 보통 지수가 오르면 펀드 수익률도 오르고 지수가 하락하면 수익률도 하락한다. 액티브펀드에 비해 펀드매니저의 역량이 중요하지 않다.

◇ ETF: 주식 시장에 상장되어 있는 인덱스펀드다. 판매 회사(은행, 증권사, 보험사)를 통해 가입하는 인덱스펀드와 달리 주식 시장에서 직접 구입할 수 있다. 주식 투자를 하듯이 시장 투자를 할 수 있다.

이 중에서 시장 투자에 가장 적합한 것은 ETF다. ETF는 주식처럼 직접 사고팔 수 있다는 점에서 매력적이다. 다른 펀드에 비해 거래비용도 가장 적다. 나는 사회 초년생들을 만나면 여유 자금이 생기는 대로 ETF에 꾸준히 투자하라고 말한다. 월급을 받고 있다면 매달 금액을 정해서 ETF를 매입해도 되고, 목돈이 생기는 대로 ETF에 투자해도 된다. 예를 들어 500만 원이 모이는 대로 ETF에 집어넣는 것이다. 나 역시 목돈이 모이는 대로 ETF에 투자하고 있다.

인덱스펀드의 장점은 적립식 투자가 용이하다는 점이다. 적립식은 은행 적금처럼 매월 일정 금액을 납입하는 방식이다. 인덱스펀드는 주로 은행이나 증권사에서 가입하는데 자동이체를 신청해놓으면 신경 쓰지 않아도 알아서 돈이 빠져나간다. 직접 사고파는 것이 번거롭거나 불안하다면 적립식으로 인덱스펀드에 투자할 수 있다.

지수 박스권에서도 유용한 ETF 투자

동일한 지수를 가지고도 다양한 형태의 ETF가 만들어져 있다. 예를 들어 KOSPI200을 그대로 추종하는 ETF, 지수를 2배로 추종하는 레버리지ETF, 지수와 반대로 움직이는 인버스ETF 등 시장에는 다양한 종류의 ETF가 있다. 주가 상승이 확실하다면 레버리지ETF를, 주가 하락이 예상된다면 인버스ETF를 활용할 수 있다.

코스피 지수는 장기적으로는 우상향하지만, 꾸준히 우상향하지는 않는다. 박스권에 머물러 있는 기간이 상대적으로 길다. 박스권이란 주가가 확 오르거나 떨어지지 않고 일정한 범위에 머물러 있는 상태를 말한다. 우리나라 주가지수는 장기간 박스권에 머물러 있다가 단기간에 대폭 상승것이 반복되는 계단식의 모습을 보여왔다.

주가 상승기에 수익을 내는 것은 어렵지 않지만 박스권에서 수익을 내기는 쉽지 않다. 종목 투자를 하는 경우에도 손실이 발생하는 주식이 부지기수다. 박스권에서 시장 투자로 수익을 낼 수 있을까? ETF를 활용하면 가능하다.

예를 들어 코스피 지수가 3000~3300포인트의 박스권에 머물러 있다고 해보자. 당분간 박스권이 지속될 것으로 예상된다면, 임의로 3100과 3200의 구간을 설정한다. 그리고 3100에 코스피를 추종하는 ETF를 사서 3200에 판다. 3200에는 인버스ETF를 사서 3100에 판다. 이를 반복하면 박스권에서도 수익을 낼 수 있다. 단, 이 경우에는 박스권이 지속될 것이라는 예상이 맞아떨어져야 한다.

시장에 투자할 때는 꾸준함이 생명이다

〈사례 16〉

A와 B는 난생처음 주식 투자를 시작하려 한다. 주식에 대해 아는 것은 별로 없지만, 인플레이션에 대한 믿음을 가지고 시장 투자를 하고자 한다. 다음 중 현명한 선택을 한 사람은 누구일까?

A: 1년 후 결혼할 예정이다. 그 1년 동안 결혼 자금으로 모아놓은 목돈 1억 원을 시장에 투자하려 한다.

B: 매월 여유 자금을 주식 시장에 투자한다. 없는 돈이라고 생각하고 장기간 묻어둘 생각이다.

문제의 정답은 'B'다. 시장 투자에 실패하는 가장 큰 이유는 꾸준하게 투자하지 못하고 단기 투자를 하기 때문이다. 당연히 주식 시장도 매번 인플레이션이 발생하진 않는다. 경기가 순환하듯이 주식 시장도 오르막이 있으면 내리막이 있다. 주가가 오를 때는 계속해서 오를 것 같기 때문에 인플레이션에 대한 믿음이 강해진다.

문제는 주가가 하락할 때다. 주가가 하락하면 원금 손실이 눈에 보이기 시작하고 더 하락할까 봐 두려워진다. 특히 금융위기나 코로나와 같은 대형 악재를 만나면 시장도 크게 주저앉는다. 언론에서는 부정적인 뉴스들이 계속 쏟아진다. 이때 인플레이션에 대한 믿음이 흔들리고 공포심에 사로잡혀 더 손해 보기 전에 주식을 팔려고 안간힘을 쓰게 된다.

시장 투자는 꾸준함이 생명이다. 진정한 믿음을 가지고 있는 자는 주가가 하락할 때도 시험에 빠지지 않고 끄떡없이 투자하는 사람이다. 그는 대형 악재로 시장이 크게 가라앉아도 투자를 멈추지 않는다. 그리고 시간이 흘러 결국 인플레이션이 발생해 성과를 가져간다.

장기 투자에 최적화된 상품, 연금저축펀드

연금저축펀드는 장기 투자를 할 때 유용한 금융상품이다. 금융회사에서 취급하는 개인연금 중 하나인데 연말정산 시 최소 13.2%, 최대 16.5%의 세액공제를 받을 수 있다. 1년 동안 최대 납입 금액인 400만 원을 넣었다면 최대 66만 원의 세금 절감 혜택이 주어진다.° 연금저축펀드는 아무것도 하지 않아도 연 16.5%의 수익률을 그냥 깔고 갈 수 있는 상품이다.

연금저축펀드의 또 다른 장점은 인플레이션과 복리 효과를 모두 누릴 수 있다는 것이다. 연금저축펀드를 조기에 해지하면 그동안 받았던 절세 혜택을 모두 뱉어내야 한다. 그러므로 강제적으로 장기 투자를 하게 돼 장기간의 인플레이션 수익을 모두 내 것으로 만들 수

○ 연봉 5,500만 원 초과 근로자에게는 13.2%의 세액공제 혜택이 주어진다.

있다.

연금저축펀드는 인플레이션을 복리로 운용하는 방식으로 장기 투자의 수익률을 극대화할 수 있다. 복리 효과를 최대한 활용하기 위해서는 어떻게 해야 할까? 무조건 하루라도 일찍 시작해야 한다. 이 점에서 2030세대는 매우 유리하다. 일찍 시작해서 오랜 기간 투자해 복리 효과를 최대한 누릴 수 있기 때문이다. 젊음이 곧 무기다.

우리나라는 OECD 국가들 중에서 노인빈곤율이 가장 높은 나라다. 노인빈곤율이 무려 50% 가까이 되는데 그만큼 노후 준비가 부족하다. 문제는 사회 초년생들 역시 노후 준비를 제대로 하지 않는다는 것이다. 2030세대들 중에서 개별적으로 노후 준비를 하는 비율은 20%가 되지 않는다. 5명 중 1명도 안 되는데, 대다수가 국민연금과 퇴직연금에만 의존하고 있는 셈이다. 이대로라면 다수의 청년이 미래에 빈곤한 노후를 맞이할 것이다.

노후 준비를 위해서는 3층 연금 설계가 기본이다. 3층 연금 설계란 국민연금, 퇴직연금, 개인연금으로 연금자산을 설계하는 것이다. 국민연금, 퇴직연금만으로는 부족하기 때문에 개인연금에 가입해야 한다는 것이 핵심이다. 따라서 정부에서도 오래전부터 개인연금에 세제 혜택을 주어 가입을 독려해왔다.

이를 구성하는 개인연금 중 연금저축펀드는 인플레이션에 복리 효과 그리고 세금 절감 혜택까지 모두 누릴 수 있는, 장기 투자에 최적화된 상품이다. 아직까지 개인연금이 없다면 지금 당장 연금저축펀드를 시작하자.

주식 투자의 목적은 어디까지나 목돈 키우기

....

주식으로 많은 돈을 벌기는 어렵다

주식은 위험자산이다. 아무리 내 실력이 좋다고 하더라도 손실 가능성이 늘 존재한다. 따라서 레버리지 활용에 신중해야 한다. 나 역시 주식에 투자할 때는 레버리지를 활용하지 않는다. 있는 돈만 가지고 투자한다.

　나는 그릇이 작아서 그런지 대출을 받아 주식 투자를 한다면 지금보다 불안하고 노심초사할 것이 뻔하다. 스트레스를 받아 정신 건강을 해치면서까지 투자할 이유를 아직은 찾지 못했다. 나에게는 투자에 성공해서 얻는 행복보다 손실 구간에서 발생하는 불행의 크기가 더 크다.

레버리지를 활용하지 않으면 총자산의 규모는 작아진다. 예를 들어 2억 원에 2억 원의 레버리지를 더해 부동산을 구입하면 총자산이 4억 원이지만, 2억 원의 대출을 받지 않고 주식을 사면 총자산이 2억 원이다. 그래서 같은 수익률이 발생해도 더 큰돈을 벌기는 어렵다. 그러니 주식 투자로 팔자를 뜯어고칠 수 있을 만큼 많은 돈을 벌어야겠다는 생각은 하지 말자. 주식은 복권이 아니다. 운이 따라주어 높은 수익이 발생하면 좋겠지만, 그렇지 않더라도 실망할 필요는 없다. 오히려 주식으로 많은 돈을 벌기 원하면 무리를 하게 되어 투자에 실패할 가능성이 커진다.

그럼에도 주식 투자가 필요한 이유

많은 돈을 벌기 위한 것이 아니라면 주식 투자는 왜 하는 것일까? 첫째는 시장에 장기 투자하여 은퇴 자금을 마련하기 위해서다. 둘째는 목돈의 규모를 키우기 위해서다. 목돈이 생길 때마다 일부 자금을 주식 시장에 투자한다. 그리고 목돈의 규모가 어느 정도 커지면 그 돈으로 부동산 투자에 나서는 것이다. 왜냐하면 부동산은 주식보다 안정적인 인플레이션이 발생하는 자산이면서 레버리지를 활용하기가 용이하기 때문이다. 그러면 총자산이 커지면서 인플레이션이 발생했을 때 큰 수익을 얻을 수 있다.

나 역시 목돈이 생길 때마다 일부 자금을 주식 시장에 넣어왔다. 그리고 인플레이션이 발생해 목돈의 규모가 커지면 그때 주식을 팔고 레버리지를 활용해 부동산 투자를 했다. 그리고 이를 반복하고 있다. 지금도 목돈이 생기면 주식 시장에 투자하고 있으며 어느 정도 자금이 만들어지면 다시 부동산 투자에 나설 것이다.

인플레이션과 관련 있는
다양한 자산들

◆◆◆

금, 비트코인, 가상화폐, 회사채 등
어떤 자산에 투자하든 반드시 내가 직접
불확실성을 제거하는 작업을 거쳐야 한다.

화폐의 가치가 낮아질 때가 금 투자의 적기

여타 자산 가격의 하락을 방어해주는 금

금은 다음과 같은 세 가지 성질을 가지고 있다.

◇ 발광성: 금은 스스로 금빛을 발한다. 많은 사람이 금빛을 아름답다고 생각해 가지고 싶어 한다.
◇ 희소성: 금은 희소하다. 가지고 싶은데 희소하므로 가치가 높다.
◇ 불변성: 금은 변하지 않는다. 따라서 가치 저장 수단으로서의 기능이 있다. 금을 가지고 있다가 언제든지 가치 있는 것으로 교환할 수 있다.

이와 같은 세 가지 성질 덕에 금은 동서고금을 막론하고 사랑받아왔다. 금 가격은 무엇의 영향을 받을까? 금은 대표적인 안전자산으로 사람들의 '불안'을 먹고 산다. 사람들이 불안해할수록 금 가격은 상승한다.

그렇다면 사람들은 언제 불안해할까? 경기가 크게 침체될 것으로 예상된다고 가정해보자. 사업이 안되고 소득이 줄어들며 취업도 힘드니 불안해진다. 그럴수록 사람들은 믿을 수 있는 자산, 즉 안전자산을 가지고 싶어 한다. 이를 '안전자산 선호 현상'이라고 표현한다.

이런 상황일 때 대표적인 안전자산인 금의 수요가 많아져 금 가격이 상승한다. 금융위기나 코로나 위기 때 금 가격이 상승한 것도 그 때문이다. 경기가 침체되면 주식, 부동산 등 자산 가격이 하락한다. 이럴 때 금 투자를 하면 경기 침체 시 오히려 가격이 상승해 주식, 부동산 등의 자산 가격 하락으로 인한 손실을 방어할 수 있다.

금과 달러는 라이벌 관계

금에는 강력한 라이벌이 존재하는데, 바로 달러다. 전 세계에서 가장 많이 사용되는 기축통화로, 가장 믿을 수 있는 통화이기 때문이다. 자국의 통화가 불안한 나라들만 봐도 달러를 갖고 싶어 안달이다. 그런데 달러의 가치도 내려갈 수 있다. 어떨 때 달러가치가 내려갈까?

미국이 달러를 너무 많이 풀면 달러 공급이 늘어나 달러가치가 하락할 수 있다. 그리고 미국 경제에 큰 위기가 찾아올 때도 달러가치가 내려갈 수 있다. 미국 경제가 위태로우면 사람들은 미국 주식과 채권을 팔아 다른 데 투자할 것이므로 달러가치가 하락한다.

달러가치가 하락하면 달러를 안 사고 경쟁자인 금을 사는 사람이 늘어나므로 금 가격이 상승한다. 반대로 달러가치 상승이 예상돼 사람들이 달러를 사들이면 달러가치가 상승하고 금 가격이 하락한다. 이처럼 달러와 금 가격은 대체로 반비례 관계다.

그러므로 금 투자는 달러가치 하락이 예상되는 시점에 하는 것이 좋다. 달러가치가 하락한다는 것은 인플레이션이 발생한다는 것을 의미한다. 금은 오래전부터 대표적인 인플레이션 헤지Inflation Hedge 수단이었다. 이런 이유로 평소에 금 투자를 해두는 것은 현명한 선택이다.

금에 투자하는 여러 가지 방법

어떤 방법으로 금 투자를 해야 할까? 대표적인 방법은 금펀드나 ETF에 투자하는 것이다. 은행, 증권사 같은 금융회사를 통해 금펀드에 가입하거나 직접 주식 시장에 접속해 금 ETF를 구입할 수 있다. 소액 투자나 적립식 투자 시 이와 같은 금융상품을 활용하는 것이 좋다.

금융상품에 가입하는 방법 말고 금 실물을 직접 살 수도 있다. 펀드나 ETF 같은 금융상품은 쉽게 팔 수 있지만, 아무래도 금 실물은 쉽게 팔기 어렵다. 금을 끈질기게 가지고 있다 보면 언젠가 세계적인 경제 위기가 찾아오거나 달러가치가 내려가 금 가격이 상승할 것이다.

일상적으로 할 수 있는 금 투자

그렇다면 금을 언제 사야 할까? 싱글(미혼)일 때는 금 실물을 살 일이 별로 없다. 투자 목적으로 사려고 해도 금값의 10%를 부가가치세로 내야 하니 아까워서 사기 힘들다. 그런데 결혼하면 다르다. 금을 살 수 있는 상황이 만들어진다.

결혼할 때 보통 예물 반지나 시계 등을 산다. 배우자와 같이 고르기도 하고 주변에서 사주는 경우도 있다. 나는 어머니께서 예물 반지를 사주셨는데 당신이 결혼할 때 시어머니가 사주셨던 예물들이 기억에 오래 남아서 꼭 해주고 싶으셨단다.

예물로 많이 선택하는 것은 다이아몬드 반지다. 깨지지 말고 단단하게 오래오래 잘 살라는 뜻이 담겨 있다. 그러나 예물로 꼭 다이아몬드를 할 필요는 없다. 금반지나 미니 골드바 역시 훌륭한 예물이 될 수 있다.

골드바라고 해서 영화나 드라마에서 나오는 1킬로그램이 넘는 큼직한 녀석들만 있는 것은 아니다. 엄지손톱만 한 크기의 10그램짜리 골드바도 구입할 수 있다. 금은방에서도 금을 팔지만 은행이나 금거래소에서도 금을 판매한다.

이처럼 금은 결혼 예물로도 살 수 있고, 그 외 결혼기념일, 배우자의 생일 등 각종 기념일에도 살 수 있다. 금을 선물 받았을 때 싫어하는 사람은 별로 없을 것이다. 기념일에 금을 선물하면 배우자도 기분이 좋아지고 향후에 금 가격이 오르면 팔아서 현금으로 바꿀 수 있으니 더 좋다. 분명히 선물이지만 사라지는 돈이 아닌 인플레이션이 발생할 수 있는 자산인 것이다.

나 역시 기념일에 틈틈이 배우자에게 금을 선물해왔다. 지금은 당시보다 가격이 많이 올랐다. 가격도 오르고 사랑하는 사람도 기쁘게 할 수 있으니 그야말로 일석이조다. 이와 같이 금 투자는 주식이나 부동산 투자에 느껴지는 비장함보다는 즐거움을 동반한다. 배우자나 사랑하는 가족들이 있는가? 그렇다면 금 실물을 사서 선물해보자.

디지털 금이 된 비트코인

·····································

내가 이더리움에 투자한 두 가지 이유

2017년은 비트코인을 비롯한 가상화폐 가격이 급등하면서 가상화폐
가 전 세계에 알려진 해다. 나 역시 2017년 초에 현재 비트코인에 이
어서 가상화폐 시가총액 2위인 이더리움에 투자했다.

사실 그 전까지는 가상화폐에 대해 알지도 못했고 관심도 없었다.
그런데 지인이 이더리움 투자에 관심을 보여 나도 같이 알아보게 됐
다. 다행히 시중에 많지는 않지만 몇 개의 도서들이 나와 있었고, 국
내외 자료를 수집해 공부했다. 그리고 2017년 2월, 투자를 결심했는
데 당시 1이더리움의 가격은 고작 1만 8,000원이었다.

이더리움 투자를 결정한 이유는 다음 두 가지였다.

첫째는 투기 광풍이 몰아닥칠 것으로 예상됐기 때문이다. 당시 가상화폐는 주식이나 금융상품보다 투자하기가 매우 쉬웠다. 금융회사를 방문할 필요가 없었고 증권 계좌를 개설하거나 MTS(모바일 트레이딩 시스템)등의 프로그램을 설치할 필요도 없었다. 사이트에 회원으로 가입해서 입금하면 그만이었다. 주변 사람들에게 이야기하면 대부분 그 자리에서 손쉽게 가상화폐를 구입했다.

그리고 주식 시장과 달리 가상화폐 시장은 마감 시간 없이 24시간 돌아가는 데다 세금 등의 투자 규제도 없어 전 세계의 투기성 자금이 모여들기 좋은 환경이었다. 무엇보다도 당시 가상화폐를 아는 사람들이 거의 없었다. 금융 투자업에 종사하는 증권사나 은행 직원들도 대부분 잘 몰랐다. 이렇게 투기성 높은 자산이 아직 알려지지 않았으니, 투기 광풍이 불어닥치는 것은 시간문제라고 생각했다.

둘째는 이더리움이 비트코인에 비해 싸다고 생각했기 때문이다. 가상화폐의 대장은 단연 비트코인이었지만 이더리움은 비트코인이 가지지 못한 기술적인 장점들이 있었다. 그런데 비트코인에 비해 가격이 상대적으로 저렴했다. 이더리움이 비트코인 가격을 넘어서지는 못할지라도 비트코인보다는 가격 상승률이 더 높을 것으로 판단했다.

투기 광풍이 불어닥칠 때까지는 그리 오랜 시간이 걸리지 않았다. 이더리움 가격은 그야말로 치솟기 시작하더니 그해 말 200만 원을 돌파했다. 1만 8,000원이었던 가격이 1년도 안 돼서 100배 넘게 상승한 것이다. 이더리움을 계속 가지고 있었다면 나 역시 100배 넘는 수익을 얻었겠지만 안타깝게도 나는 그때까지 기다리지 못하고 한참 전에 팔아치웠다. 그래도 투자 원금 대비 꽤 많은 수익을 얻었기에 큰 후회는 없다.

디지털 금으로 자리매김한 비트코인

2017년 투기 광풍은 오래가지 못했다. 이듬해가 되자 급속도로 거품이 꺼지면서 가격이 폭락했다. 많은 투자자가 실망했고 특히 끝물에 들어갔던 사람들은 큰 손실을 떠안아야 했다. 대박의 꿈이 일장춘몽으로 그치는 순간이었다.

그런데 그 이후 슬슬 오르던 가상화폐 가격이 2020년부터 다시 급등하더니 2017년의 가격을 가뿐히 뛰어넘었다. 또다시 투기 광풍이 찾아온 걸까? 2020년 이후의 상승은 단순한 투기 광풍이라고 하기에는 예사롭지 않은 점들이 많았다.

2020년 이후의 상승은 2017년과 어떤 차이가 있을까?

먼저 기관 투자자들의 참여가 두드러졌다. 2017년에는 개인 투자자들이 가격 상승을 주도했다면, 2020년부터는 기관 투자자들이 가격 상승을 이끌었다. 이는 기관 투자자들의 포트폴리오에 비트코인이 들어가 있음을 의미한다.

기관 투자자들이 비트코인에 매력을 느끼는 이유는 '디지털 금'으로서 가치가 있다고 생각하기 때문이다. 금은 전통적으로 인플레이션 헤지 수단이었다. 그런데 비트코인도 금과 더불어 인플레이션 헤지 수단으로 점점 인정받고 있다. 사실 비트코인이 디지털 금이 될 수 있는지에 대해서는 전문가들 사이에서도 의견이 분분하다. 가능하다고 말하는 사람도 있지만 불가능하다고 말하는 사람들도 많다.

그러나 이제 비트코인이 디지털 금인지 아닌지는 더 이상 중요하지 않다. 중요한 것은 많은 기관 투자자가 비트코인을 이미 '디지털 금'으로 받아들이고 있다는 것이다. 그리고 그런 기관들이 점점 늘어나는 추세다.

2017년 폭등기에는 가상화폐의 성격이 불분명했다. 단지 새로운 화폐의 등장과 블록체인 기술에 따른 기대감에 가격이 올랐다. 그러나 현재는 '디지털 금'이라는 더욱 선명해진 성격으로 인식되고 있다.

이는 투자자 입장에서 가격을 예상하기가 더 쉬워졌다는 것을 뜻한다. 비트코인이 디지털 금이라면, 금과 마찬가지로 안전자산 선호 현상이 강해지면 가격이 상승할 수 있다. 반대로 안전자산 선호 현상이 약해지면 가격이 하락할 것이다.

가상화폐는 지지자들의 환호와 무용론자들의 비판 속에서 10년 넘게 살아남았다. 지금도 비트코인의 가치가 0에 가깝다고 주장하는 사람들이 있다. 그러나 투자자들의 인식 속에 디지털 금으로 자리매김하는 한, 가격이 오르락내리락하더라도 가치가 0이 되어 시장이 붕괴되는 일은 없을 것이다.

그렇다면 가상화폐의 미래는 어떨까? 인플레이션이 발생하며 승승

장구할까, 아니면 버블이 꺼지면서 폭락할까?

가상화폐를 둘러싼 다양한 이슈를 점검하면서 가상화폐의 전망에 대해 살펴보자.

가상화폐가 법정화폐를 대체할 수 있을까

비트코인을 법정통화로 채택한 엘살바도르

2009년 블록체인 기반의 비트코인이 세상에 모습을 드러냈을 때, 어떤 사람들은 미래에 비트코인이 법정통화를 대체할 것이라고 말했다. 그로부터 12년이 지난 2021년, 엘살바도르에서는 실제로 비트코인을 법정통화로 채택했다. 이후 탄자니아, 파라과이, 브라질, 콜롬비아 등에서도 비트코인의 법정통화 지정에 관심을 보이고 있다.

이대로라면 우리나라를 포함한 선진국들도 비트코인을 법정통화로 지정할 날이 오지 않을까? 하지만 안타깝게도 가까운 미래에 그런 일이 일어날 가능성은 없다.

엘살바도르처럼 비트코인을 법정통화로 고려하는 나라들의 공통점은 자국 통화의 신뢰도가 떨어져 있다는 것이다. 자기 나라의 통화를 믿지 못할 때 보통은 가장 믿을 수 있는 통화인 달러를 사용하게 된다. 그런데 달러는 미국에서만 찍어내고 달러의 통화량은 미국 중앙은행의 통화정책과 미국 정부의 재정정책에 영향을 받는다. 따라서 달러를 사용하면 미국에 대한 의존도가 커질 수밖에 없다. 자국 통화는 믿을 수 없고, 그렇다고 달러를 쓰면 미국에 종속될 수 있으니 비트코인을 법정통화로 고려하는 것이다.

비트코인이 법정통화가 되기 어려운 두 가지 이유

비트코인이 법정통화가 되어 실제 화폐처럼 사용되기에는 아직 여러 가지 문제가 존재한다. 가장 큰 문제는 가격의 변동성이 심하다는 것이다. 우리나라도 변동환율을 사용하기 때문에 외환 시장의 수요 공급에 의해서 원화의 가격이 변한다. 상대적으로 비쌀 때도 있고 쌀 때도 있다. 하지만 그 변동성이 가상화폐보다는 훨씬 미미하다.

만약 우리나라 원화가치가 하루에 3% 하락한다면 어떻게 될까? 아마 다음 날 뉴스의 헤드라인에 '원화 대폭락, 한국 경제위기 찾아오나'라는 문구가 깔릴 것이다. 원화 가격도 변하기는 하지만 폭락과 폭등을 수시로 거듭하지는 않는다. 그래서 우리가 원화를 믿고 사용하는 것이다.

그런데 비트코인을 비롯한 가상화폐는 어떤가. 3% 변동은 1시간도 안 걸리며 하루에 10% 이상의 변동이 가능하다. 화폐처럼 사용되기에는 불안정하다. 당신이 소비자라면 가격이 폭등할 가능성이 큰 비트코인으로 결제하려고 하겠는가? 가상화폐가 화폐처럼 사용되기 위해서는 가격의 변동성 문제를 해결해야 한다.

또 다른 문제는 통화량을 조절할 수 있는 수단이 없다는 것이다. 원화나 달러와 같은 법정통화는 중앙은행의 통화정책 또는 정부의 재정정책으로 통화량을 조절할 수 있다. 예를 들어 통화가치가 내려가면 중앙은행은 물가를 잡기 위해 금리를 올리거나 공개 시장 조작을 통해 통화량을 회수해 통화가치를 올릴 수 있다. 그러나 가상화폐는 아직 이런 수단으로 통화량을 조절하는 것이 불가능하다. 가상화폐의 가격을 그저 시장에 맡겨놓을 수밖에 없다. 만약 가격이 급등하거나 급락해 통화의 신뢰도가 하락하더라도 이를 막을 방법이 마땅치 않다.

따라서 이런 문제점들을 해결하지 못한다면, 우리나라처럼 법정통화를 믿고 쓸 수 있는 나라들이 비트코인과 같은 가상화폐를 법정통화로 지정하는 일은 일어나지 않을 것이다. 오히려 선진국들은 자국의 중앙은행이 발행할 디지털 화폐CBDC, Central Bank Digital Currency의 사용량을 늘리려 할 것이다.

신뢰할 수 있는 통화를 사용하는 선진국이 비트코인을 법정통화로 지정하는 일은 일어나지 않더라도, 개발도상국 일부 국가가 비트코인을 법정통화로 검토하고 있다는 것도 충분히 놀라운 소식이다. 나 역시 2017년 가상화폐에 투자할 때만 하더라도 비트코인이 어느 나라의 법정통화로 지정될 것이라고는 예상하지 못했다. 그런 일이 일어난다고 하더라도 아주 먼 미래의 일이라고 생각했다. 그러나 먼 미래로 생각했던 일이 어느새 성큼 다가온 것이다.

그렇다면 가상화폐 무용론이 맞는 걸까?

가상화폐가 대중화되면서 가상화폐를 결제 수단으로 받겠다는 기업들도 늘어나고 있다. 대표적인 기업으로는 테슬라, 페이팔을 비롯해 미국 대형 영화 체인인 AMC 등이 있다. 글로벌 기업의 가상화폐 결제 검토 소식이 들리면 가상화폐 가격이 일시적으로 오르는 현상이 나타난다.

이처럼 여러 기업이 가상화폐 결제에 관심을 보이고 있긴 하지만, 가상화폐가 보편적인 결제 수단이 되기까지는 갈 길이 멀어 보인다. 앞서 언급했듯이 가격의 변동성이 너무 크고 통화량을 조절할 수 있는 수단이 부족하기 때문이다. 가상화폐를 구입하는 사람들 역시 결제를 하기 위해서가 아니다. 모두 투자 목적으로 구입한다. 그래서 어떤 사람들은 가상화폐가 결국 화폐로 사용되지 못할 것이라며 무용론을 주장한다.

사람들은 가상화폐를 주식과 비교하기도 한다. 어느 날, TV에 어떤 전문가가 나와서 한 이야기가 기억난다. 그는 주식은 열심히 돈을 벌기 위해 일하는 기업에 투자한다는 점에서 실체가 명확한데, 가상화폐는 주식처럼 부가가치를 창출하고 성장하기 위해서 일하는 주체가 없다는 점에서 불안하다고 했다. 주식보다 가상화폐의 거품이 심하다는 것이다.

나는 그 말에 동의하지 않는다. 투자 목적으로 금을 산다고 해보자. 금 역시 부가가치를 창출하거나 성장하기 위해서 열심히 일하지 않는다. 금으로 상품이나 서비스를 구매하지도 않는다. 금은 그저 금일 뿐이다. 사람들이 안전자산이라고 '믿기' 때문에 안전자산의 수요가 증가하면 금값이 오른다. 그렇다고 해서 금 가격이 거품이라고 말하진 않는다.

가상화폐 역시 마찬가지다. 주식처럼 일하는 실체가 명확할 필요는 없다. 금이 그저 금이듯이 비트코인도 그저 비트코인이다. 사람들이 비트코인을 디지털 금이라고 '믿는' 한 수요가 증가하면 가격이 오를 것이다. 그것을 단지 거품이라고 치부해버릴 수는 없다.

그러므로 지금과 같은 현상이 유지되는 한 가상화폐의 가치가 0에 수렴해 시장이 순식간에 사라지는 일은 없을 것이다. 당분간 법정통화와 디지털 화폐, 그리고 금과 비트코인이 모두 공존하는 시장이 유지될 가능성이 크다.

가상화폐 시장의 불안 요소

주식과 부동산 가격은 오르락내리락했지만 장기적으로 우상향해왔다. 가상화폐 역시 인플레이션이 발생하면서 장기적으로 우상향할까? 만약 다른 자산들처럼 우상향이 확실하다면 적극적으로 투자해야 하지 않을까? 개인적으로는 가상화폐 역시 가까운 미래까지는 인플레이션이 발생할 여력이 충분하다고 생각한다.

그럼에도 가상화폐 시장에는 여러 가지 불안 요소가 있다.

먼저, 역사가 짧다는 것이다. 비트코인은 2009년도에 세상에 나왔고 대중적인 가상화폐 투자가 이루어진 것은 2017년부터다. 오랜 시간 자산 시장의 한 축을 담당했던 주식과 부동산에 비해 턱없이 짧은 기간이다. 가상화폐도 출범 이후 지금까지 인플레이션이 발생하긴 했지만 충분히 검증됐다고 보기에는 역사가 너무 짧다.

선진국, 특히 미국의 가상화폐 규제가 본격화될 수 있다는 것도 우려스러운 점이다. 미국은 기축통화인 달러를 찍어내는 유일한 국가다. 미국 최대의 수출품은 달러인데, 미국은 그동안 기축통화로서 달러의 지위를 위협하는 시도를 용납하지 않았다.

그런데 비트코인과 암호화폐에는 달러의 지위를 위협하는 요소들이 분명히 존재한다. 실물경제나 금융경제에서 가상화폐 사용이 늘어날수록 달러의 지위는 약해질 수밖에 없다. 지금은 미국이 가상화폐 시장에 별다른 규제를 하고 있지 않지만, 앞으로는 규제할 가능성이 매우 크다.

그렇다면 과연 어느 정도의 규제가 이루어질까? 그것을 미리 알 수는 없지만 규제의 범위에 따라서 가상화폐 시장이 받는 충격이 달라질 것이다. 분명한 것은 미국이 마음먹으면 가상화폐 시장을 통제할 수 있다는 것이다. 이미 중국은 단일 국가가 자국 내 가상화폐 시장을 완전히 통제할 수 있음을 보여줬다.

미국의 규제는 가상화폐 시장에 다른 나라의 규제와는 차원이 다른 영향을 미칠 것이다. 미국의 규제 이후 가상화폐 시장은 일종의 구조조정이 일어나 새롭게 개편될 가능성이 크다. 그러나 지금으로선 미국이 언제, 얼마나 규제할지 알 수 없기 때문에 상당한 불안 요소라고 할 수 있다.

디지털 금으로서의 지위가 언제까지 이어질지도 미지수다. 금이 안전자산이며 인플레이션 헤지 수단으로서 주목받는 이유는 앞서 살펴봤듯이 발광성, 희소성, 불변성이 있기 때문이다. 그런데 비트코인이 세 가지 특성을 모두 갖지는 못했다. 지금이야 비트코인이 매력적이지만 향후에는 대체재가 나타나 매력이 감소할 수 있다. 그렇다면 그때도 금처럼 가치 저장 수단으로서의 기능을 할 수 있을까? 그렇지 못하면 디지털 금으로서의 매력도 잃어버릴 것이다.

그러다 보니 나도 장기적으로 우상향할 것이라는 믿음을 가지기가 어렵다. 가상화폐를 찬양하는 투자자들에게도 마음 한구석에는 거품이 꺼지지 않을까 하는 불안감이 자리 잡고 있을 것이다.

부동산이나 주식 시장에 비해 가격의 변동성이 심하다는 점도 불안 요소다. 장기적인 인플레이션을 장담할 수 없다 보니 이슈에 민감하게 반응한다. 그만큼 가격의 향방을 예측하기가 어렵다.

이상의 불안 요소들은 미래에 다가올 위험들이다. 그래서 일정 기간까지는 가상화폐 시장 역시 인플레이션이 발생할 가능성이 크다고 생각하지만, 가상화폐 투자를 하더라도 레버리지를 활용해(대출을 받아) 투자하는 것은 매우 위험하다고 본다. 전 재산을 걸고 모험을 하기보다는 주식 투자와 마찬가지로 목돈의 규모를 키우기 위해 투자하는 정도가 적합하다. 특히 초보 투자자라면 고액 투자보다는 소액 투자를 권한다.

가상화폐에 투자한다면, 무엇을 택해야 할까?

그렇다면 수많은 가상화폐 중 어디에 투자해야 할까? 비트코인이 생겨난 이래 수많은 가상화폐가 생겨났다. 이들을 알트코인이라고 부른다. 가상화폐를 구입한다면 비트코인과 알트코인 중 무엇을 사야 할까?

　많은 사람이 나에게 이 질문을 하는데 그때마다 나는 비트코인이나 이더리움을 사라고 한다. 왜냐하면 자본주의는 과점을 지향하기 때문이다. 대부분의 산업에서 치열하게 경쟁하다가 결국 소수 몇 개의 기업이 대부분의 시장을 차지한다. 가상화폐도 이와 같은 과정을 거칠 것으로 예상된다. 비트코인과 이더리움 정도만 가치를 인정받아 살아남을 가능성이 크다. 그러므로 가상화폐를 처음 접해보는 초보자라면 비트코인이나 이더리움을 선택하는 것이 적합하다고 생각한다.

디지털 화폐와 가상화폐

··

각국의 디지털 화폐 도입 논의

각국 중앙은행들이 디지털 달러, 디지털 위안, 디지털 원과 같은 디지털 화폐를 도입하려고 하고 있다. 디지털 화폐는 비트코인의 등장 이후 논의가 가속화됐다.

나는 2017년 우리나라에서 열렸던 블록체인 포럼에 참석했다. 당시 한국은행 실무자의 강연이 있었는데 비트코인 등장 이후 각국의 중앙은행들이 블록체인 기술을 활용한 디지털 화폐를 만들려고 한다는 것이다. 한국은행 역시 '동전 없는 사회'에서 '현금 없는 사회'로 나아가고자 한다고 했다.

디지털 화폐에 가장 적극적인 나라는 중국이다. 중국은 2022년 베이징 동계올림픽에서 디지털 위안을 세계에 선보이겠다는 계획이다. 미국과 유로존 역시 각각 디지털 달러와 디지털 유로를 준비 중이다.

각국 중앙은행이 디지털 화폐를 발행하면 가상화폐의 수요가 급격히 줄어들까? 아마 그렇지 않을 가능성이 크다. 왜냐하면 중앙은행이 발행해 추적이 가능한 디지털 화폐와 달리 가상화폐는 추적이 불가능하기 때문이다. 이 세상에는 추적당하면 안 되는 자금들이 있다. 뇌물·도박·마약 등과 관련 있는 자금이 대표적이며, 이를 '지하경제'라고 부른다. 지하경제의 규모는 전 세계 GDP의 약 20% 정도로 추정되는데 상당한 비중이라고 할 수 있다.

디지털 화폐가 발행되면 지하경제의 자금이 추적이 불가능한 가상화폐로 흘러 들어갈 것이다. 디지털 화폐가 가상화폐의 수요를 오히려 부추기는 것이다. 그러므로 디지털 화폐의 등장은 가상화폐 시장에 악재가 아닌, 오히려 호재로 작용할 수 있다.

각 나라의 규제 수준에 따라 가상화폐 시장은 재편된다

이런 우려 때문인지 중국은 디지털 위안의 출범을 앞두고 가상화폐 시장을 전면 규제했다. 가상화폐의 거래뿐만 아니라 채굴까지도 금지했다. 사실상 중국인들이 가상화폐에 손도 못 대게 한 것이다.

중국의 규제는 상상했던 것 이상이었다. 중국의 가상화폐 규제는 중앙정부가 자국 내 가상화폐 시장을 완전히 통제할 수 있음을 보여주었다.

그렇다면 가상화폐 가격도 한풀 꺾였을까? 중국의 규제 이후 주춤하던 가상화폐 가격은 오히려 상승세로 돌아섰다. 중국의 규제가 가상화폐 가격 하락에 큰 영향을 미치지 못하는 이유가 무엇일까?

비트코인의 특징은 중앙은행이 마음먹으면 찍어낼 수 있는 법정통화와 달리 수량이 한정적이라는 점이다. 비트코인은 총량이 2,100만에 수렴하게 되어 있다. 비트코인 공급은 중앙은행이 아닌 민간의 '채굴'을 통해 이루어진다. 비트코인 채굴의 중심지는 중국으로 무려 전체의 75%를 담당해왔다. 그런데 중국 정부가 채굴까지 전면 금지하면서 비트코인 공급에 차질이 생겼다. 중국의 규제가 가격 하락에 큰 영향을 미치지 못하는 이유다. 오히려 부족한 공급에 비해 수요가 늘어나 가격이 오를 수 있다.

앞으로 미국을 포함한 여러 나라에서 디지털 화폐가 등장할 가능성이 크다. 가상화폐가 무용지물이 되기 위해서는 미국을 포함한 선진국들에서 중국과 같은 전면적인 규제를 해야 한다. 디지털 화폐의 활성화를 위해 어느 정도의 규제는 이루어질 것으로 보이는데, 규제의 수준이 어느 정도냐에 따라 가상화폐 시장이 재편될 가능성이 크다.

하이리스크-로리턴 게임, 회사채 투자

....

채권 투자에서 짚어야 할 점

돈을 빌려준 자를 채권자, 돈을 빌린 사람을 채무자라고 한다. 채권자가 발행하는 것이 채권인데 정부가 발행하는 채권은 국채, 지방자치단체가 발행하면 지방채, 회사가 발행하면 회사채라고 한다. 회사채는 주식 발행과 더불어 기업이 자금을 조달하는 대표적인 수단이다.

채권에 투자하는 방법으로는 채권을 매입하는 직접 투자와 펀드에 투자하는 간접 투자가 있다. 개인들도 채권을 매입하는 직접 투자가 가능하다. 국채 매입은 안전할 수 있지만, 수익률이 은행 금리와 별 차이가 없어 개인 투자자들에게는 매력이 떨어진다. 그래서 보통 국채보다 수익률이 높은 회사채를 선호한다.

회사채의 장점은 발행하는 기업이 망하지 않는 한 만기 시점까지 약속된 이자를 지급받을 수 있다는 점이다. 예를 들어 2년 만기, 연 5%의 회사채를 매입했다면 연 5%의 이자를 2년간 받을 수 있다. 은행에 예금한 것보다 많은 이자를 받을 수 있으니 투자자들이 매력을 느낀다.

그렇다면 은행 예금에 넣어둔 자금을 몽땅 고금리의 회사채에 집어넣어야 할까? 그러기에는 회사채 투자에 무시무시한 위험이 존재한다. 바로 '발행사의 채무 불이행으로 인한 원금 손실 위험'이다. 쉽게 말해 돈을 빌린 회사가 망하면 돈을 갚을 수가 없어 회사채가 휴짓조각이 된다는 얘기다. 그러면 채권 투자자는 돈을 한 푼도 받지 못하고 원금을 전액 잃어버린다.

회사채 투자 시 유의할 점

하이리스크-하이리턴High Risk-High Return, 로리스크-로리턴Low Risk-Low Return이라는 말을 들어봤을 것이다. 일반적으로 감당해야 하는 리스크가 클수록 수익이 많고, 리스크가 작으면 수익도 적다. 예를 들어 은행의 예금은 리스크가 작지만 수익률도 낮은 대표적인 로리스크-로리턴 상품이다.

투자자에게 가장 바람직한 것은 위험이 낮으면서 수익이 높은 로

리스크-하이리턴Low Risk-High Return이다. 실력 있는 투자자들은 언제나 로리스크-하이리턴 게임을 하려고 한다. 그러나 회사채 투자는 기본적으로 하이리스크-로리턴High Risk-Low Return 게임이다.

〈표 6-1〉에 예시한 회사채를 간략히 짚어보자면, 투자자는 주식회사 A에 돈을 빌려주고 만기 시점까지 이자를 받는다. 그리고 만기 시점에 원금을 돌려받는다. 이자는 3개월마다 지급된다. 1년간 받은 이자를 합하면 연 5%의 수익률이 발생한다. 은행의 예금 수익률보다는 훨씬 낫다.

〈표 6-1〉 회사채 예시

종목명	주식회사 A	매매 수익률	연 5%
만기	2년	이자지급 주기	3개월(이표채)

그러나 만기가 되기 전에 주식회사 A가 부도나서 법정관리에 들어간다면 투자자는 원금을 모두 잃어버리게 된다. 투자자의 기대수익률은 연 5%인데, 감당해야 하는 위험은 100%다. 이처럼 회사채 투자는 대표적인 하이리스크-로리턴 게임이다. 당신은 이런 게임에 참여할 수 있겠는가?

만약 감수해야 하는 위험이 100일 때 기대수익도 100이라면, 어느 정도 밸런스가 맞는다. 그러나 위험이 100인데 기대수익이 5라면 밸런스가 맞지 않는다. 차라리 친구들과 포커 게임을 하거나 카지노에 가는 것이 낫다. 포커 게임을 할 때 감수해야 할 리스크는 100%이지만 수익률 역시 100%를 넘을 수 있기 때문이다.

그렇다면 회사채 투자는 하지 말아야 할까? 그렇지 않다. 만기 시점까지 부도나지 않을 우량한 회사를 찾으면 된다. 신용평가회사에서는 회사채를 발행하는 기업들의 신용도에 따라 〈표 6-2〉와 같이 신용등급을 책정한다. AAA가 가장 좋은 등급이고 아래로 갈수록 신용이 하락한다. AAA~BBB를 투자등급, BB 이하를 투기등급이라고 한다. BBB까지는 안정적이지만 BB 이하는 위험하다는 뜻이다.

〈표 6-2〉 신용등급

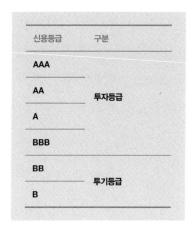

신용등급	구분
AAA	
AA	투자등급
A	
BBB	
BB	투기등급
B	

보통 우리나라의 개인 투자자들은 증권사와 같은 금융회사를 통해서 회사채를 매입한다. 증권사에서 기업으로부터 회사채를 인수해서 개인에게 판매하는 구조다. 개인들은 주로 A~BBB등급의 회사채를

많이 매입하는데, 주식 수익률보다는 낮지만 은행 이자율보다는 높은 수익률을 기대한다. 신용등급이 높은 AA 이상의 채권은 은행 이자율과 별다른 차이가 없어 개인들에게는 투자 매력이 떨어진다.

신용등급을 맹신하지 말고 스스로 분석하라

A~BBB등급이면 투자등급이니 안전한 것 아닐까? 세계적인 신용평가회사인 S&P, 무디스, 피치가 책정한 투자등급 회사채의 부도 위험은 약 0%대다. 우리나라 회사채의 신용등급은 국내 신용평가회사들이 책정하는데, 신용등급이 고평가되어 투자등급의 회사채라고 할지라도 종종 부도가 나는 기업들이 있다. 신용등급만 믿고 투자를 결정했다가 내 돈을 모두 날리는 일이 벌어지는 것이다.

대표적인 사례가 과거 동양증권 사태다. 2013년 동양증권에서 같은 그룹 계열사들의 회사채를 판매했다. 연 6% 이상의 고금리에 현혹된 수많은 개인 투자자가 목돈을 집어넣었다. 그런데 회사들이 연쇄적으로 부도가 나면서 법정관리에 들어갔고, 투자자들은 원금을 전액 잃어버렸다. 손실 규모가 무려 1조 2,000억 원이었는데, 채권이 발행됐을 때 기업들의 신용등급은 주로 BBB였다. 동양증권 사태는 손실 규모가 커서 연일 매스컴에 오르내렸지만, 언론에 알려지지 않는 소규모의 회사채 투자 실패 사례도 꾸준히 발생하고 있다.

그러므로 신용등급만 보고 무턱대고 회사채를 매입하면 안 된다.

기업의 안정성에 대한 개별적인 조사가 필요하다. 재무제표 분석은 필수이며, 기업의 현재 상태를 파악하기 위해 정보를 수집해야 한다. 채권 투자의 핵심은 기업 분석을 통해 하이리스크를 로리스크로 바꾸는 작업이다. 그러면 하이리스크-로리턴이 아닌, 로리스크-로리턴 게임을 할 수 있다.

그러나 채권을 매입하는 국내 개인 투자자들 대다수가 기업 분석을 아예 안 하거나 소홀히 한다. 주변 사람이나 금융회사 직원 말을 듣고 투자하는 경우가 대부분이다. 결국 하이리스크-로리턴 게임에 내몰려, 최악의 경우 원금을 모두 잃게 된다.

회사채에 투자하기 전 '재무비율' 확인은 필수

신용등급만 보고 회사채에 투자하기는 어렵다. 회사의 안정성을 확인하기 위해 재무제표를 들여다봐야 한다.

회사채 투자자가 재무제표를 보고 알아야 할 기본적인 정보는 어떤 것들일까? 회계를 전혀 공부하지 않은 초보 투자자들도 쉽게 알 수 있는 재무비율을 소개한다.

유동비율

유동비율 = (유동자산 ÷ 유동부채) × 100

유동자산을 유동부채로 나눈 것이다. 유동자산은 1년 내에 현금화할 수 있는 자산이고 유동부채는 1년 내에 갚아야 할 부채이므로, 유동비율은 높을수록 좋다. 일반적으로 200% 이상이면 양호하다.

당좌비율

당좌비율 = 당좌자산(유동자산 − 재고자산) ÷ 유동부채 × 100

당좌자산은 유동자산에서 재고자산을 뺀 것이다. 재고자산은 유동자산의 항목 중 하나이지만 현금화가 안 될 수 있다. 당좌비율 역시 높을수록 좋으며 100% 이상이면 양호하다.

부채비율

부채비율 = 타인자본(부채총계) ÷ 자기자본(자본총계) × 100

타인자본을 자기자본으로 나눈 것으로, 낮을수록 좋다. 일반적으로 200% 이하이면 양호하다.

차입금의존도

차입금의존도 = 차입금(단기차입금 + 장기차입금 + 사채) ÷ 총자본 × 100

부채 중에서 이자가 발생하는 부채인 차입금(빌린 돈)을 총자본(부채 및 자본총계)으로 나눈 것이다. 차입금의존도가 높을수록 부담해야 하는 이자비용이 높아 기업에 부담을 준다. 30% 이하이면 양호하다.

이자보상비율

이자보상비율 = 영업이익 ÷ 이자비용

영업이익은 매출액에서 영업비용을 제외한 것으로 기업이 영업활동으로 얻은 수익이다(매출액 – 매출원가 – 판매비와 관리비). 이자비용은 주로 차입금에 대한 이자다. 이자보상비율이 1이 넘으면 영업이익으로 이자는 낼 수 있다는 것을 의미한다. 그러므로 이자보상비율이 적어도 1은 넘어야 한다. 2년 이상 이자보상비율이 1이 안 되는 기업은 매우 위태롭다고 할 수 있다.

이상의 재무비율은 재무상태표와 손익계산서만 있으면 누구나 손쉽게 구할 수 있다. 재무비율을 확인하면 투자하지 말아야 할 회사에 투자하는 일을 막을 수 있다. 앞서 언급한, 동양증권이 판매했던 회사채 대부분 이자보상비율이 1이 안 되는 기업들이었다. 투자자들이 이자보상비율만 구해봤어도 손실을 막을 수 있었을 것이다.

상대적으로 리스크가 낮은 채권형 펀드

··

재무비율을 구해서 '이 회사채에 투자하지 말아야지'라는 의사결정을 하는 데에는 도움을 받을 수 있다. 그러나 이것만으로 '이 회사채를 사야겠다'라는 의사결정을 하기는 부족하다. 재무비율뿐만 아니라 재무제표들을 전반적으로 읽어낼 수 있는 능력이 있어야 한다. 그리고 현재의 기업 상황과 관련하여 더 많은 정보를 수집해 올바른 판단을 내려야 한다. 이런 실력이 갖춰졌을 때 비로소 '회사채를 사야겠다'라는 의사결정을 할 수 있다.

그러나 초보 투자자들이 하루아침에 이런 실력을 쌓기는 어렵다. 그러면 채권 투자는 이대로 포기해야 할까? 그렇지 않다. 초보 투자자도 손쉽게 그리고 안정적으로 채권 투자를 하는 방법이 있다. 바로 채권형 펀드에 투자하는 것이다. 채권형 펀드는 특정 기업이 부도나서 원금 손실이 발생할 위험이 없기에 하이리스크-로리턴 게임이 아니다. 그리고 하이리스크를 줄이기 위해 까다로운 기업 분석을 할 필요도 없다.

금리 하락이 예상될 때가 채권형 펀드 투자의 적기

채권형 펀드에 투자하기 위해서는 '기준금리, 채권금리, 채권 가격, 채권형 펀드 수익률'의 관계를 이해해야 한다. 중앙은행의 기준금리가 내려가면 보통 채권금리도 내려간다. 채권금리와 채권 가격은 역의 관계이기 때문에 채권금리가 내려가면 채권 가격이 상승한다.

예를 들어 내가 만약 연 5%의 채권을 가지고 있다면, 채권금리가 하락해 연 3%가 되어도 내가 가지고 있는 채권의 금리는 연 5%로 변함이 없다. 채권금리는 돈을 빌리는 주체가 약속한 금리이기 때문이다. 지금 나오는 채권을 사면 연 3%인데 나는 연 5%를 받을 수 있는 채권을 가지고 있기 때문에 더 비싸게 팔 수 있다. 채권금리가 하락한 것이 가격에 반영된 것이다.

주식 가격이 오르면 주식형 펀드 수익률도 올라가듯이 채권 가격이 상승하면 매매차익이 발생해 채권형 펀드의 수익률도 올라간다. 이 내용을 다음과 같이 정리할 수 있다.

기준금리 ↓↑ → 채권금리 ↓↑ → 채권 가격 ↓↑ → 채권형 펀드 수익률 ↓↑

따라서 채권형 펀드 투자는 금리가 높은 시점에 하는 것이 좋다. 금리가 높으면 향후 금리가 내려가면서 채권형 펀드 수익률이 오를 가능성이 커진다. 그러므로 채권형 펀드 투자의 가장 우선적인 고려사항은 금리다. 현재 금리가 높아서 앞으로 점점 내려갈 일만 남았는가? 그렇다면 채권형 펀드 투자의 적절한 타이밍이다.°

채권형 펀드 투자의 용도는 무엇일까? 주식이나 비트코인처럼 비트코인과 고수익을 노리고 채권형 펀드에 투자하는 것은 적절하지 않다. 은행 예금금리보다 약간 높은 수익률을 기대하면서 안정적인 투자를 하고자 할 때 적합하다. 즉 적금보다 약간 높은 수익률로 저축하고자 하거나, 주식이나 코인보다는 낮아도 정기예금보다 높은 수익률로 목돈을 굴리고자 할 때 활용할 수 있다.

○ 투기등급 채권에 투자되는 하이일드 채권형 펀드는 예외다.

ELS 투자의 문제점

∙∙

미래 특정 시점의 주가를 알아맞힐 수 있을까?

투자자가 어떤 자산을 싸게 샀다고 가정해보자. 싸게 샀다는 것만으로도 투자에서 성공할 가능성은 매우 커졌다. 이제 가격이 오르기만을 기다리면 된다. 그럼 가격은 언제 오를까? 그리고 얼마나 오를까?

투자 과정에는 사람이 컨트롤할 수 있는 영역과 할 수 없는 영역이 있다. 자산을 싸게 사는 것은 사람이 할 수 있는 영역이다. 특정 자산에 전문성이 생기면 싸게 살 수 있다. 부동산을 잘 알면 부동산을 싸게 살 수 있고, 주식을 잘 알면 주식을 싸게 살 수 있다.

그런데 가격이 '언제, 얼마나 오를지'는 알 수 없다. 내가 매수한 주식이 오르는 날짜와 미래 특정 시점의 가격을 정확히 맞힐 수 있을까? 미래에서 타임머신을 타고 온 사람이 아니라면 절대 불가능하다. 이것은 인간의 영역이 아니라 신의 영역이다. 투자자는 가격이 상승하는 날짜와 수익률을 사전에 정확하게 알 수 없다. 그저 가격이 상승할 것이라는 기대감에 투자할 뿐이다.

그런데 금융상품 중에는 미래 특정 시점의 가격이 얼마인지를 알아맞혀야 하는 것들도 존재한다. 대표적인 상품이 ELS(주가연계증권)다. ELS는 대개 목돈을 굴리기 위해 가입한다. 만기 시점까지 기초자산의 가격이 어떻게 달라졌느냐에 따라 수익률이 결정된다. ELS 이외에 ELF, DLF, DLS 등도 모두 비슷한 구조다.

〈표 6-3〉은 모 증권사에서 발행했던 ELS 상품의 개요다. 기초자산이 'KOSPI200 레버리지' 지수다. 최초 기준가격 평가일로부터 3년이 지난 2024년 10월 2일 지수의 가격이 얼마냐에 따라 수익률이 달라진다. 3년 전에 비해서 '70% 이상'인 경우에는 연 6%의 수익률을 가져갈 수 있지만 '70% 미만'인 경우에는 원금 손실이 발생한다. 다른 날의 가격은 중요하지 않으며 오직 2024년 10월 2일의 가격만이 수익률에 영향을 미친다.

그런데 3년 후 기초자산의 가격을 미리 예상할 수 있을까? 3개월 앞도 예상하기 어려운데 3년 후라면 더욱 예상하기 어려울 것이다. 특히 특정 날짜의 가격은 더더욱 알기가 어렵다. 따라서 수익이 나려면 어느 정도 운이 따라주는 수밖에 없다.

앞서 말했듯이, 투자란 도박에서 불확실성을 제거하는 작업을 거

- 기초자산: KOSPI200 레버리지 지수
- 최초 기준가격: 최초 기준가격 평가일 기초자산의 종가
- 최초 기준가격 평가일: 2021년 10월 08일
- 만기상환 평가일: 2024년 10월 02일
- 만기상환 평가가격: 만기상환 평가일 기초자산의 종가
- 손익구조

구분	내용	투자수익률(세전)
만기상환	만기 평가일에 기초자산의 만기 평가가격(종가 기준)이 최초 기준가격의 '70% 이상'인 경우	18.00% (연 6.00%)
	만기 평가일에 기초자산의 만기 평가가격(종가 기준)이 최초 기준가격의 '70% 미만'인 경우	기준 종목의 {(만기 평가가격 ÷ 최초 기준가격) −1} x 100%

치는 것이다. 그러나 ELS와 같은 구조의 상품에서 불확실성을 제거하기란 불가능에 가깝다. 아무리 노력해도 미래 특정 시점의 가격을 알기는 어렵기 때문이다. 장기적으로 우상향하는 시장이라고 할지라도 특정 시점에 가격이 하락하는 일은 언제든지 벌어지는 일이다.

내년 12월 31일 날씨가 추울 것이라고 예상할 순 있다. 그러나 눈이 내릴지 안 내릴지를 1년 전에 미리 알 수 있을까? 아무리 과학적인 방법을 동원해도 알 수가 없을 것이다. 그러므로 이런 구조의 상품들은 투자보다는 도박에 가까운 게임이라고 할 수 있다.

ELS 투자의 또 다른 문제점은 하이리스크-로리턴 게임이라는 점이다. 〈표 6-1〉에서 제시한 사례의 경우 투자자가 얻을 수 있는 수익

률은 연 6%다. 그러나 잘못될 경우 최대 100%의 원금 손실이 발생할 수 있다.

만약 리스크를 줄일 수 있다면 어떨까? 회사채 투자는 기업에 대한 공부와 조사를 해서 불확실성을 줄일 수 있었다. ELS도 이와 같은 작업을 거친다면 로리스크-로리턴 게임이 가능하지 않을까?

회사채 투자와 달리, ELS는 이런 작업이 불가능하다. 앞서 말했듯이 미래 특정 시점의 기초자산 가격은 아무리 노력해도 알아맞힐 수 없기 때문이다. 그러므로 ELS에 투자한다면 '영원히' 하이리스크-로리턴 게임을 해야 한다.

ELS 투자 실패 사례: 2019년 DLF 사태

이런 사실을 모르고 ELS 투자에 나섰다가 실패한 대표적 사례가 2019년 DLF(파생결합펀드) 사태다. 은행에서 판매한 DLF에 가입한 사람들에게 최대 100%에 가까운 원금 손실이 발생한 것이다. 가입자가 워낙 많아 사회문제로 번져 매일 뉴스에 나왔다.

당시 상품 구조를 살펴보면 기초자산은 '독일 국채금리'였다. 만기는 1년 미만으로 다른 상품들에 비해 비교적 짧았다. 독일 국채금리가 만기 시점까지 플러스이면 연 5%의 수익률을 거둘 수 있었다. 그러나 금리가 마이너스일 경우 최대 100%까지 원금 손실이 발생할 수 있는 상품이었다. 전형적인 하이리스크-로리턴 게임이다.

많은 사람이 연 5%의 수익률을 기대하고 가입했다. 은행 예금에 넣어놓으면 금리가 1~2%밖에 안 되니 5%면 훨씬 낫다고 생각한 것이다. 상품을 판매한 은행원들도 독일의 국채금리가 단기간에 마이너스로 떨어질 것이라고 생각하지는 못했을 것이다. 그래서 더 적극적으로 판매했다. 그러나 생각지도 못한 일이 벌어졌고 연 5%를 기대했던 가입자들은 원금을 거의 다 잃어버렸다.

당시 가입자들 대다수는 DLF라는 상품의 성격을 이해하지 못했다. 그저 은행에서 판매하는 예금 상품과 비슷한 것이라고 생각했을 것이다. 사전에 상품의 성격을 정확히 파악해 하이리스크-로리턴 게임이라는 것을 알았다면 아마 가입하지 않았을 것이다.

독일 국채금리는 어떻게 마이너스가 됐을까?

당시 유럽의 시중은행들은 개인과 기업에 대출하기를 꺼렸다. 경기가 안 좋아 돈을 빌려줬다가 회수하지 못해 손실이 발생할 수 있기 때문이다. 그래서 중앙은행에 예치하는 자금이 점점 늘어났다.

그러자 유럽중앙은행은 시중은행의 예치금에 -0.5%의 금리를 부과했다. 이제 시중은행이 중앙은행에 자금을 예치하면 확정 손실이 발생한다. 중앙은행의 의도는 시중은행이 중앙은행에 예치할 자금을 개인과 기업에 빌려주게 하려는 것이었다. 시중에 자금이 풀리면 경기가 상승하는 효과를 얻을 수 있기 때문이다.

그러나 여전히 경기가 좋지 않았기 때문에 시중은행들은 시중에 돈을 풀기보다 수익을 낼 수 있는 다른 방법을 찾아 나섰는데, 그것이 독일 국채를 매입하는 것이었다.

당시 독일 국채금리의 수익률은 플러스였기 때문에 국채를 매입하면 확정 수익을 지급받을 수 있었다. 한 가지 마음에 걸리는 것은 독일 국채를 매입했다가 가격이 하락하는 상황이 발생하는 것이었다. 그러나 유럽중앙은행이 양적완화로 독일 국채를 계속 매입하고 있었기 때문에 채권 가격이 하락할 위험도 거의 없었다.

그래서 시중은행들은 독일 국채를 매입했고 국채 수요가 늘어나 국채 가격이 점점 올랐다. 채권 가격과 채권금리는 반비례하기 때문에 독일의 국채금리는 점점 하락해 급기야 마이너스로 떨어지고 말았다.

당시 우리나라에서도 독일 국채금리 하락에 대한 보고서들이 나왔지만 DLF 상품을 판매하는 은행 직원들에게까지 교육이 이루어지기는 어려웠다. 결국, 고작 연 5% 수익을 기대하고 상품을 구입했던 일반 소비자들이 손실을 뒤집어썼다.